城市崛起

新时代都市圈发展观察

贾宝胜 著

重庆出版集团 重庆出版社

图书在版编目（CIP）数据

城市崛起：新时代都市圈发展观察 /贾宝胜著. — 重庆：重庆出版社, 2021.9

ISBN 978-7-229-16005-0

Ⅰ. ①城… Ⅱ. ①贾… Ⅲ. ①城市群—发展—研究—中国 Ⅳ. ①F299.21

中国版本图书馆CIP数据核字(2021)第172903号

城市崛起：新时代都市圈发展观察

贾宝胜　著

出　　品： 华章同人

出版监制： 徐宪江　秦　琥

责任编辑： 秦　琥

特约编辑： 彭圆琦

营销编辑： 史青苗　刘晓艳

责任印制： 杨　宁

装帧设计： 观止堂_未　氓

重庆出版集团
重庆出版社　出版

（重庆市南岸区南滨路162号1幢）

投稿邮箱：bjhztr@vip.163.com

三河市宏盛印务有限公司　印刷

重庆出版集团图书发行有限公司　发行

邮购电话：010-85869375/76转810

重庆出版社天猫旗舰店
cqcbs.tmall.com

全国新华书店经销

开本：787mm × 1092mm　1/16　印张：13.25　字数：118千

2021年11月第1版　2021年11月第1次印刷

定价：58.00元

如有印装质量问题，请致电023-61520678

序

现代化都市圈助力大国崛起

中国报业协会理事长、人民日报社原副社长　张建星

中国已经是世界第二大经济体，中国特色社会主义新时代是决胜全面建成小康社会，进而全面建设社会主义现代化强国的时代，但“中国永远不称霸、永远不搞扩张”，无论是培育发展现代化都市圈，还是推进乡村振兴，都是为了让全体中国人过上好日子。

的确，在人类文明的发展史中，城市无疑是一项最伟大的创举。城市不分大小，却蕴含了百姓日常生活的一切轨迹，置身于都市，高楼大厦、大街小巷、公园市场，每一处都隐藏着一片天地。就说古代的城邦，城是指用墙围起来的区域，市则是指市场和交易，“先有城市、后有繁华”几乎是世界城市崛起中最为清晰的一条脉络。

美国著名经济学家、诺贝尔经济学奖得主约瑟夫·斯蒂格利茨（Joseph Eugene Stiglitz）曾预言说，21世纪有两件事情影响世界进程和改变世界面貌：一件是美国高科技产业的发展，另一件是中国的城市化进程。

改革开放以来，中国通过城镇化建设已经基本实现了两轮城市崛起。第一轮以沿海城市为主，最具代表性的是深圳。第二轮以内陆省会城市为主，涌现出了成都等一批“新一线城市”。但面向新时代，中国新型城镇化的重点是培育发展一批现代化都市圈，形成区域竞争新优势，为城市群高质量发展、经济转型升级提供重要支撑。在本书创作中，作者坚持这一方向，以新闻记者的敏锐感知，以研究学者的冷静观察与独立思考，立足于党和国家的大政方针，在千头万绪中梳理了新时代中国都市圈发展的方向和路径，并提出了对策建议，具有一定的学术价值、理论价值、参考价值。

中国的城市不断“拔节”生长，各有各的模样，各有各的特点，各有各的优势。如果把北上广深等大城市比作流动的盛宴，那么众多的小城也如匠心独具的精致甜品。市场、街道、高楼、人群……城市就是相互给予、相互包容、相互创造、相互成就的最佳场所。还有，虽然都市圈的发展让城与城之间的边界概念逐渐模糊，带来的却是城市功能的放大、城市潜力的拓展。这种“叠加”在积聚力量的同时，也留下了一代代人关于生存成长的印记。人们为了生活而聚集，为了梦想而在城市里打拼，也将为了更美好地生活下去，而继续聚集起来、聚集下去。

需要重点指出的是，都市圈、城市群的发展涉及辐射、扩散等效应，更是一个在合作中竞争、在竞争中合作的过程。这其中，创造价值是顺利合作的前提，分配价值自然会有竞争，但同时差异互补、合作竞争的经济发展模式，才是最有韧性、最具弹性、充满活力的模式。

从长远来看，打造高质量现代化都市圈是社会主义现代化强国建设的关键一招，也必将为中国打造世界级城市群增添无穷的底气和动力。换言之，中国特色社会主义进入新时代，国家的自信来自从站起来、富起来再到强起来，民族的尊严来自强大的国防力量、殷实的经济基础、百姓的幸福生活。如此，建成社会主义现代化国家将只是时间问题。

泱泱五千载，大国正崛起，新时代中国都市圈的发展必将一路高歌、满眼锦绣。

最后需要说明的是，宝胜同志在担任中国报业协会政策研究室主任期间，勤勤恳恳工作、扎扎实实研究，积极为中国报业发展献计献策，取得了优异的成绩。适逢建党百年，欣闻书作出版，忝为作序，并预祝新书大卖。

自序

城市崛起：新时代都市圈发展观察

“这是一个最好的时代，也是一个最坏的时代。”身处经济全球化时代，狄更斯的这句名言仍发人深省。一方面，经济的全球化已经把国与国、组织与组织、地区与地区，甚至是邻里间的互助合作，投射到了一个更加广阔的视域中，使得“融通天下”成为可能，更有助于构建一个多彩而富有内涵的人类命运共同体。另一方面，经济全球化的开放性、制约性、竞争性等特征有时可能导致国家经济治理主权的缺失，出现“被人牵着鼻子走”的情况（如英国的“脱欧”）。但这似乎并不能阻挡全球化高歌猛进的步伐，虽然新冠肺炎疫情的“达摩克利斯之剑”依然高悬头顶，但全球大范围的抗疫协作仍在有条不紊推进中，这就是全球化、地球村时代的喜与忧。

中国已是世界第二大经济体，2020年中国国内生产总值为101.6万亿元，这是中国经济首次迈过百万亿元大关。尽管如此，中国依旧不会放弃与他国合作共赢，正所谓“中国开放的大门不会关闭，只会越开越大”。或许，这便是中华民族“和衷共济、美美与共”精神的现代表达。对内来说，国内各个地区间、城市与城市间的经济交往频繁而活跃，彰显着中华民族“同舟共济、同心追梦”的生动特征。在电视剧《山海情》中，组织宁夏女工赴福建打工成为闽宁合作的成功案例。这也足以说明，新时代区域经济合作的模式不一定是地相邻，其本质在于心相通。

法国经济学家弗朗索瓦·佩鲁（François Perroux）认为，经济总是首先在少数区位条件优越的点上不断发展成为增长的中心（极化城市），当增长极发展到一定程度后，极化效应与扩散效应相互作用，推动整体经济发展，这为世界范围内都市圈经济发展提供了初步的理论依据。

若论发展区域经济，中国也应该是开先河者。《管子·轻重戊》中记载了这样一则十分精彩的故事：管仲在齐国为相时，鲁、梁二国乃东方大国，民众擅长织绨（一种厚实光滑的丝织品，用它剪裁成的衣服为当时最高档的服装），管仲就请齐桓公带头穿绨衣，很快穿绨衣成为齐国上下的时尚，一时间绨的需求量猛增，供不应求，管仲却不允许本国人生产绨织品，而是一律从鲁、梁二国进口。这是不是人类社会区域经济的发端？我们尚不得而知，但可以肯定的是，中国人很早便对区域、联盟等概念有了清晰认识并且能够付诸行动。

后来，管仲召集鲁、梁两国商人说：“你们织绨十匹，我给你们三百斤金，如果织绨百匹，我就给你们三千斤金。”鲁、梁二国果然中计，在政府鼓励下，民众纷纷从事织绨纺织而荒废了农事，一年多下来，粮价暴涨，此时管仲下令关闭与鲁、梁的通商关口，不再进口一匹绨布。最终结局可想而知，鲁、梁二国经济面临崩盘，难民纷纷涌入齐国，管仲顺势让他们去开垦齐国的许多荒地，大大促进了齐国的农业生产，鲁、梁二国从此一蹶不振，不得不向齐国纳币修好。管仲还用同样的手段制服过莒国和莱国，这也恰好印证了区域经济中合作与竞争关系的辩证转化。

管仲还大兴改革，富国强兵。《史记》有云，齐桓公“九合诸侯，一匡天下”，就是说多次召集诸侯国开会，除了展示齐国的综合国力外，还有一项重要内容是以霸主身份统一各国的关税。若用现代话语体系表述，管仲这种做法，就是在创建一个区域经济的关税同盟。这在2000多年后的今天，依然是国际贸易的游戏规则和惯例。

纵观人类社会的发展，人类活动的历史大约为250万年，智人的社会也已经有20万年。但从经济的角度衡量，无论是GDP的创造，还是个体消费的丰富程度，世界范围内的经济大增长大约只有250年的历史。就中国而言，真正显著的增长不过是改革开放以来的事情。如果再细细探究，这250年来的增长又是伴随着城市的崛起、工业的发展，以及国家间、区域间的合作而来的，甚至还可以说，某些城市的发展历程就是全球化和区域经济合作的微缩“模型”，个中经验与得失，值得总结考察。

改革开放以来，中国所有的城市都越来越大、越来越“高”，曾经的边陲小城也已日渐崛起。

时光回溯到1978年，广东宝安县（1979年成立深圳市）农民年收入才134元，而香港新界农民年收入已高达1.3万港元。那时当地流传着一首民谣：“宝安只有三件宝——苍蝇蚊子沙井蚝，十室九空人离去，村里只剩老和小。”经过40多年的发展，深圳已由一个不为人识的小渔村崛起为一个繁华的大都市，从一个贫穷落后的边陲县城变为璀璨夺目的创新之城。至2020年，深圳城市面积扩大了6倍，人口增长了45倍，财富飙升1.2万倍，GDP总量位居全国大中城市第三，已经超过香港；人均国民收入排名第一，约20万元；外贸出口总额连续27年蝉联全国第一，年度实际利用外资增长了587倍。

当外界惊呼“深圳速度”“深圳奇迹”“深圳创造”的时候，我们是否有必要静下心来思考一下深圳经验、深圳之道、深圳选择的问题？这也是本书的缘起。当然，本书也不仅仅局限于思考深圳的发展，还有重庆、南京、天津、武汉……既有超大城市，也有特大城市、二三线城市，更有国际大都会城市；也许其中有你的家乡，抑或他的家乡；即便书中没有你的家乡，也并不妨碍你理解中国城市的崛起与都市圈的发展。

本书创作的总体思路是：以新时代都市圈发展和区域经济合作为着眼点，小中见大，探寻中国城市崛起背后的原因，总结区域经济合作的一些规律和经验，并就新时代中国都市圈发展给出一些浅见。同时，本书在创作过程中注重城市历史文化、民风民情、人文情怀的诉说与表达，力求做到主观与客观相统一、历史与现实相结合，如果能达到入情入理、读来有趣、引人深思之目标，就再好不过了。

以建设者的眼光看，每一座城市都潜力无穷；用发展者的目光观，每一座城市都连接四方。

不揣浅陋，是为序。

贾宝胜

2021年1月21日于北京寓所

目录

第一章

深圳：区域经济一体化的先行者、探路者、集大成者

行走于深圳街头，“来了就是深圳人”的宣传语几乎随处可见。一些人禁不住深圳的魔力诱惑，纷纷“移民”深圳，其中也包括我。但据说大多“来了”的人才知道民间还流传着另一种说法：“来了就是深圳人，来了深圳难做人。深圳赚钱深圳花，蹦子别想带回家。”虽为调侃，但当来大城市打拼的梦想遇到深圳高企的房价，诙谐之中倒也透着几分真实。

深圳特区与我同龄，作为新深圳人，虽然没有在深圳长期工作生活的经历，但这并不影响我对深圳的热爱：深圳曾经创造的无数辉煌与“第一”以及深圳速度、深圳奇迹等，足以让人景仰。

若论改革开放以来区域经济一体化的先行者、探路者、集大成者，也非深圳莫属，因此将深圳篇作为本书的开篇，并非小市民的私心使然。

对于“深圳模式”的成功，英国《经济学人》评价：“改革开放40年，中国最引人瞩目的实践是经济特区。全世界超过4000个经济特区中，头号成功典范莫过于深圳奇迹。”

解读深圳，可能有N个不同的版本，但本章主要围绕深港一体化发展进程、深圳都市圈建设、城市温度三个维度，探寻深圳特区成功崛起的密码。

1.深港一体化发展的前世今生

有人说，深圳的崛起如同魔幻一般，就像是突然“变”出来的。

的确，40年之于人类历史的长河只是沧海一粟。但就在这历史的瞬间，深圳从一个不为人识的小渔村崛起为一个繁华的大都市，从一个贫穷落后的边陲县城变为流光溢彩的创新之城。如果进行简要总结，深圳崛起之道可以概括为，深圳的发展最初是通过借力借道香港，并通过发展不断汇聚资金、科技、人口、信息等各种要素，逐步奠定了其区域经济中心的地位。与此相伴，深圳改革开放“探路者”的角色，也一度影响着国家经济、金融、贸易、科技等发展政策的制定。

时光荏苒，深圳经济总量从1979年的1.96亿元，到2011年首次突破1万亿元大关，用了30多年的时间，但到2017年迈上2万亿元台阶，仅用了6年。2019年，经济总量已经达到2.69万亿元，人均GDP达到3万美元，居全国首位，同时，地均与人均产出均为全国最高。登记商事主体近320万户，稳居全国大中城市首位。

从世界各地的发展经验来看，一个国家或地区经济爆发式增长应该具备四方面条件：一是大规模流入的资金，二是便利获取技术和知识的途径，三是有可能进入更加庞大的市场，四是能够形成鼓励竞争和创新的有效制度。

推进深港合作有着广泛的历史渊源和民意基础。深圳与香港地区在历史上同根同源，同属宝安县。鸦片战争后香港被英国占领，深圳与香港在政治上逐渐分隔，成为中英两个国家分别管治的两个地区。英国占领香港后，直到20世纪50年代初，深港边界并未设哨卡，两地居民可自由往来。

20世纪50—60年代，香港调整经济结构，通过利用外资和引进技术大力发展工业，开启了腾飞的进程，由转口贸易港一步步发展为远东地区加工出口的重要区域。尤其是20世纪70年代以后，随着金融、航运、贸易、建筑等行业发展和日益现代化，香港成功跻身“亚洲四小龙”。

深圳作家斯培森在《我们深圳四十年》中指出：“香港在经历廉政风暴和产业升级后，短时间内成功跻身亚洲经济龙头队伍，成为全亚洲最繁荣富裕的地区和自由贸易港，这就意味着它有足够的资本、经验和渠道来孵化深圳。”

深圳这种巨大的转变，离不开香港的影响。1978年中国进入改革开放新阶段，这对深圳和香港两地均产生了深远影响，是深港关系发生历史性演进的关键。可以说，深港合作的前提是中国的改革开放。若没有改革开放的国策，香港维多利亚港的“风”不可能吹进“内地”的深圳。

改革开放以前，由于国内“左”的方针政策和“文化大革命”的影响，边境地区强调“以阶级斗争为纲”，长期大搞“政治边防”而忽视经济建设，错失了发展的机遇，致使经济发展长期停滞，人民生活在贫困之中。另一方面，香港的快速崛起带来的诱惑，吸引着无数人通过偷渡外逃香港、澳门。尤其是在深圳，与华侨、港澳同胞有直系亲属关系的达14万人，占当时全县33万人口的42.4%，还有持双重户籍（香港户籍和宝安户籍）经常来往两地的流动渔民2万余人。

由于特殊的地理环境，再加上不同时期各种因素的影响，宝安偷渡外逃人数长期居全省首位。从1952年至1977年，宝安有偷渡外逃行为的达62305人，其中逃出去的40598人，占全县总人口的18.7%，占总劳动力13.5万人的29.3%（数据参见中共广东省宝安县委员会《关于偷渡外逃情况的报告》，1977年11月22日）。

毗邻香港，这是深圳最独特的优势。但深港两地经济的极大反差以及逃港的尴尬，也促进了更深层次的思索和行动，效果更是立竿见影。

伴随着改革开放的步伐，从建立深圳经济特区到获得初步发展，人民生活得以改善，这从根本上缓解了长期存在的内地群众偷渡逃港问题。

1984年，邓小平南下视察深圳和珠海等经济特区，并在深圳留下了公正客观的评价：“深圳的发展和经验证明，我们建立经济特区的政策是正确的。”

深港合作的初级阶段是从贸易和加工的简单叠加起步的，有点类似今天的发达地区向临近地区输送落后产能。

深圳特区是首批迎接香港制造业北移的重点地区之一，世界级的珠三角出口加工基地便滥觞于此，举世闻名的“前店后厂”开启了两地合作的初级模式。其中，最典型的合作方式是“三来一补”，即来料加工、来样加工、来件装配和补偿贸易。这也是深港两地在改革开放初期探索出的一种企业贸易形式，凭借这种贸易加工合作，深圳背靠香港淘到了“第一桶金”。

令人称奇的是，维多利亚港的“风”不仅吹动了深圳发展的大潮，更带来了发展观念的深刻转变：时间就是金钱，效率就是生命。

1992年，以小平同志视察深圳等地并发表南方谈话为标志，深圳的改革开放又掀开了新的浪潮。在“胆子再大一点、步子再快一点”的号召下，深港合作驶入了历史快车道。

学习香港、追赶香港，曾经一度是深圳的梦想，但是，建设一个什么样的深圳，更是发展之路上要面对和必须解决的重大问题。

深圳慢慢富起来了，南下的打工妹、打工仔也越来越多。但其实大家心里明白，这种"初级加工厂"式的发展，对于深圳的长远发展注定是弊大于利的。此外，深圳发展了这么多年，增强自身的"造血"功能迫在眉睫。

学习香港，不能只考虑如何赚钱，不能满足于为了赚钱。为此，1994年2月，深圳市政府下发了《关于经济特区停止审批"三来一补"等项目的通知》，不仅要求原特区内限制发展"三来一补"企业，而且要求特区外的宝安、龙岗两区也要严格控制。同时，深圳市委、市政府转向大力鼓励高新技术发展，积极引导原"三来一补"企业转型升级，深圳发展迎来面向科技、面向创新的第一次华丽转身。

毋庸置疑，深圳崛起，香港起到了关键的引擎作用。香港自由港政策和市场经济活力的带动，香港外资中介和桥梁的功能以及香港开放的观念和国际地位等，都对深圳的发展产生过积极影响。

1997年，香港回归祖国，开始踏上同深圳等毗邻地区优势互补、共同发展的道路。尤其在1998年亚洲金融危机之后，香港的发展遇到迷茫期，更加积极地寻求同深圳合作。

新世纪以来，深港间贸易、投资和交通更加顺畅、便利，两地居民又在购物、居住、文化、娱乐及医疗卫生等各种消费上实行互补合作，大量香港青年才俊涌入深圳打拼，一体化发展的趋势更加明显。

从40年前GDP不足香港的0.2%，到2018年GDP超过香港，深圳的快速发展令人惊叹。回顾深港合作的40年，大致经历了“前店后厂”“双城互动”“双中心”三个阶段，越来越呈现出勠力同心、相得益彰的典型特征。

深圳经济特区建立初期，主要是靠“三来一补”起家，并利用其相对廉价的劳动力资源和良好的引资政策，吸引了许多香港企业来内地投资。与此相伴的是，众多品牌的生产加工在深圳进行，产品策划、产品设计、营销服务等环节却在香港完成，“前店后厂”关系中，深港应该都是受益者。

20世纪90年代后，随着制造成本逐渐提高，深圳开启了由代工厂模式转向发展高科技产业。后来随着深港基础设施建设的不断完善，双城互动更加便利和频繁，合作的深度、广度都有所拓展。特别是在2007年，深港两地签署了“深港创新圈”合作协议，两地区域合作重心转移到了科技创新，推动两地资源共享、产业互促和教育融通，呈现出深港区域合作“双城互动”新局面。

近10年来，深圳围绕高质量发展主题谋篇布局，GDP总量已经成功超越香港，粤港澳大湾区中心城市的地位更加稳固。深港互学互鉴的“双中心”互动格局业已形成。

如今，越来越多的香港人选择在深圳创业定居。正如胡秋野在《深圳传》的“双城记”一文中所说：“深圳和香港像一对双胞胎，既相互独立，又相似乃尔……深圳与香港这一对同胞兄弟，从来没有真正地分开过……”

在2019年8月召开的香港在深学习就业创业青年座谈会上，深圳市委负责人表示，深圳的发展离不开香港的辐射带动与倾力支持。

身在鹏城，沿着深南大道向前，平安国际金融中心、招商银行总部、腾讯大厦……鳞次栉比的高楼，依次铺展开一幅壮丽的现代城市画卷。仅在深圳南山区粤海街道23.8平方公里的辖区里，就密集分布了200多个产业园区，活跃着超千家高新技术企业，走出了华为、中兴、腾讯、大疆等世界知名科技企业，诞生了94家上市公司、9家“独角兽”企业，贡献了超过3000亿元的GDP。

曾经，香港作为深圳开放的重要窗口和桥头堡，在深圳崛起的过程中发挥了不可替代的重要作用。中国（深圳）综合开发研究院常务副院长郭万达认为，深圳取得如此的发展成就，香港作为“导师”扮演了非常重要的角色，起到了特殊的推动作用。深圳是国家改革开放的“一面旗帜”，正在建设中国特色社会主义先行示范区，角色和地位是特殊的，但不会取代香港的功能。

作为改革开放的窗口，深圳是中国主动拥抱世界、主动融入香港，率先与国际接轨的先行者。随着中国特色社会主义先行示范区、粤港澳大湾区等国家重大战略的实施，近年来，深圳先后打造了前海深港现代服务业合作区和前海蛇口自贸片区等重大创新开放平台，坚持在全球坐标系下谋划开放格局，实施更大范围、更宽领域、更深层次的全面开放。

“写不尽的城市才是最有魅力的城市。”作为粤港澳大湾区的两座中心城市，深港合作仍在继续，深港传奇还将持续上演。

2.深圳都市圈核心腹地的炼成

跟跑还是领跑？这是当今世界面临的时代命题之一。

深圳今日发展的成功，从一定程度、一定范围、一定领域来看，就是在40年间默默地完成了从跟跑到领跑的“赛道”切换，尤其是在制度、产业、创新、效率等方面，已经形成一定的先发优势。

新的时代，新的使命。当前，深圳作为中国特色社会主义先行示范区和粤港澳大湾区的核心腹地，承担了在更广领域、更深层面先行先试的任务。一方面，它需要继续保持和提升自身的核心竞争力，协助国家占领国际竞争新高地；另一方面，要依托体制机制创新，勇于打破固有的行政边界概念和局限，尽快建立成本共担、利益共享、责权清晰的都市圈发展机制，推动建设以深圳为核心的都市圈，早日实现区域一体化均衡发展。

中共中央、国务院发布的《关于支持深圳建设中国特色社会主义先行示范区的意见》也明确指出，要以深圳为主阵地建设综合性国家科学中心，在粤港澳大湾区国际科技创新中心建设中发挥关键作用。可见，深圳在粤港澳大湾区（包括香港、澳门两个特别行政区和广东省广州、深圳、珠海、佛山、肇庆、惠州、东莞、中山、江门）建设中的龙头地位已经确定。

都市圈理论认为，都市圈作为一个经济圈，必然要有一个首位度较高、经济强大的中心城市作为其经济中心，才能具有区域凝聚力和集聚功能，才能为都市圈的培育和发展提供动能。照此，深圳显然具备作为都市圈核心的“气场”。

构建深圳都市圈，目前成员包括深圳、东莞、惠州、河源、汕尾（含深汕特别合作区）共五个城市，其中深莞惠为既有的都市圈基础，河源、汕尾两市为新扩容城市。

综合来看，在深圳都市圈五个城市中，深圳虽然在经济活力、经济密度、技术创新等方面依然具有领跑的绝对优势，但与其他城市相比，也受到地域面积狭小及其所衍生的高生活成本、高生产成本的制约，迫切需要周边地区的协作互补。换言之，其他城市最需要深圳政策红利、科技水平、发展理念的辐射与带动，尽快实现跟跑深圳。因此，深圳都市圈合作兼具一拍即合的短期利益考量与合作共赢的长远现实基础。

深圳也有烦恼，烦恼之一便是深圳发展的“大块头”与自身“小地域”之间的矛盾。

为有效腾挪发展空间、再造发展空间，深圳和汕尾两市于2011年成功牵手共建“深汕特别合作区”，探索“飞地”式区域合作长效机制，创新实践区域经济合作新模式。

从世界范围内的一些成功案例来看，“飞地”发展模式是化解发达城市由土地资源缺乏而导致的发展受限问题的有效方法。20世纪90年代初，面积700余平方公里的新加坡为解决发展受限的问题，开启了与发展中国家开展海外合作的进程，其中包括1994年在中国建设的最早的经济“飞地”——苏州工业园。

但与过去单纯追求经济的高速增长不同，新时代深圳发展的主题是高质量发展。总的来看，深汕特别合作区的创新点主要在于：并非沿袭过去那种转移深圳落后产能的常规路径，而是采取“深圳总部+汕尾基地”“深圳研发+汕尾生产”的合作模式。其发展的主要思路是：首先打造金融和科技服务平台、劳动力培训和人才服务中心等资源转换平台，然后再通过这些平台带动精准招商和集聚优质企业，逐步形成以先进制造业、优势传统产业、现代旅游业、现代服务业为重点的产业体系。其一体化发展的归宿是：以产业优惠政策吸引高密度的投资，并结合各组团的资源禀赋、产业基础和产业发展方向，积极推进各类高科技创新项目入驻，成功达成“总部+基地”“研发+生产”的新目标，最终通过纵向引导形成产业链、横向引导形成综合服务链，进而实现高质量发展。

从政策角度看，深圳未来发展既有先行示范区、粤港澳大湾区等顶层设计的战略支撑，又受惠于珠三角城市圈协同发展规划纲要、深圳都市圈建设等区域发展政策的支持，万千宠爱集于一身，有利于进一步提升深圳作为都市圈核心的地位和作用。

当前，在深莞惠的交界地带，已经形成了一个明显的跨行政区城市经济带，人口已经超1000万。但这个地带的人口规模和经济密度比深圳市的中心城区低很多，同时因为房价而衍生出的生活成本与生产成本，相较深圳也低不少。为此，深圳的部分产业和人口明智地选择到新的经济带发展。譬如，东莞大力推进与深圳共建“深莞深度融合发展示范区”，推动东莞市南部临深的9个镇深度对接和融入深圳。同时，面对深圳市中心区高昂的房价和生活资源的紧缺，临深边界地区凭借特殊的区位优势，成为深莞惠等地深入融合发展的现实基础。

都市圈的半径与范围如何划定？2019年，国家发展改革委发布的《关于培育发展现代化都市圈的指导意见》指出，要以超大特大城市或者辐射带动功能强的大城市为中心，构建以“1小时通勤圈”为基本范围的城镇化空间形态，培育都市圈经济，形成区域竞争新优势，从而着力解决城市间交通一体化水平不高、分工协作不够、低水平同质化竞争、协同机制不健全等问题。

在推动区域交通一体化和公共服务的共建共享方面，深圳都市圈目前已经建设或在营多条国家主导投资的高速铁路，以及广东省政府主导投资建设的城际轨道交通系统，较好地满足都市圈市民跨市通勤的需求。同时，伴随着深圳都市圈的形成和壮大，深圳都市圈内部的通勤联系和商旅联系已经具备了一定的规模。

在粤港澳大湾区通勤联系方面，深圳—东莞（日均102万人次）、深圳—惠州（日均12万人次）、东莞—惠州（日均6 万人次）、惠州—汕尾（日均3万人次）等地区之间形成了大规模稳定的通勤流。尤其是深圳和东莞之间的通勤联系非常紧密，每天有超过 100 万人次的通勤需求，在整个大湾区的通勤联系城市中排序第一。

在粤港澳大湾区商旅联系方面，城市之间的社会经济联系规模则更加庞大。深圳—东莞（日均230万人次）、深圳—惠州（日均51

万人次）、东莞—惠州（日均50万人次）、惠州—河源（日均5 万人次）、惠州—汕尾（日均3万人次）等地区之间仍然存在高强度和高密度的联系，其中，深圳和东莞的联系规模达到230 万人次。

然而需要指出的是，虽然深圳和中山毗邻，但由于深中快速通道目前尚未开通运营，两地之间的通勤联系和商旅联系规模都比较小。另外，考虑到深圳都市圈“半小时核心圈”“1小时通勤圈”的构建需求，已有运营的高速铁路、城际轨道交通系统在线路安排、运营时间、站点安排、交通接驳等方面，仍难有效满足准时性更高、运营频率更高、成本更低的跨市通勤需求。对于产业发展来说，深圳这种强大的积聚因素已经转化为一种稳定的优势，带动了深圳都市圈产业的协同发展。

关于区域工业合作，德国著名社会学家、政治学家、经济学家、哲学家马克斯·韦伯（Max Weber）提出的区位三角形模式认为，考虑到运输成本、人力成本、集聚费用等因素，工业区位应当选在生产成本最小的地方，选在三角形模式中运费最少的一点。照此，深莞惠这个“铁三角”的聚集和形成，无疑会带来企业生产成本的降低，推动区域经济朝更加集约的方向发展。

此外，城与城之间越走动、越紧密，一体化的交通网和市政设施就会越完善，进而带动消费一体化、服务一体化等的发展，使得都市圈形成更加强大的聚合力。

40多年来，深圳在融入国家改革开放和现代化进程的历史洪流中，创造了“深圳速度”“深圳经验”“深圳模式”；深圳也从中国改革开放的“探路者”发展为新时代的“示范区”，书写了世界城市发展史上的奇迹。

直面未来，深圳都市圈的构建并非为了单纯解决深圳发展中遇到的土地和资源紧张问题，还需要进一步深化对深圳都市圈现有的空间资源、产业布局、知识产权、配套支持等要素和资源的统筹与调度，进而在深圳都市圈各成员间形成优势互补、资源互补的格局，最终扬长避短推进深圳都市圈一体化发展取得更多成效。

3.“透视”深圳，探寻鹏城崛起的深层原因

深圳是一座充满活力的城市，一座年轻人聚集的梦想之都。

作为“移民”城市，每个来深圳的年轻人都想在这座城市里实现自己的梦想。深圳平安国际金融中心大楼作为鹏城第一高楼，是深圳崛起的象征。踏上110多层、590多米高的观光层，便可360度鸟瞰鹏城四面八方的不同景观与城市风貌，领略和感悟深圳的成长。与深圳代表年轻人的梦想一样，“深圳第一高楼”也折射出这个城

市的梦想。

当然，深圳不仅楼高，与楼高一样知名的还有房价高、工资高，此三者也被外界俗称为深圳“三高”。从国家统计局发布的最新数据来看，2020年深圳二手房价格同比上涨14.1%，涨幅稳居全国第一。一方面人口不断流入，另一方面住房供应持续处于紧张状态，这也足以印证深圳发展的热度。

更让人称奇的是，2020年深圳的房价不降反升，每平方米动辄过10万元的价格，更让无数“深漂”望尘莫及。此外，根据深圳市统计局数据，深圳2019年城镇非私营单位在岗职工年平均工资为127757元，折算为在岗职工月平均工资为10646元。尽管月薪过万元，但面对高企的房价，“不幸福感”也难免会油然而生。

既然“不幸福”，为何还有那么多人对深圳“趋之若鹜”呢？2020年4月中旬，深圳市统计局发布的人口数据显示，深圳常住人口1343.88万人，其中非户籍人口就有849.1万人，占总常住人口的60%以上，这还不包括流动人口。换言之，对于城市经营者来说，以区区不足2000平方公里的面积，承载超过千万的人口，压力可想而知。从奋斗者个体的感受来说，令无数“深漂”纠结的正是“来了就是深圳人”的梦想和“深圳赚钱回家花”的现实间的纠结。

有关深圳的崛起，已经有不少经济学家和政府官员从方方面面进行过总结，比较有说服力的观点是：深圳的改革是逼出来的，开放的活力是放出来的，发展的模式是摸出来的。虽然这些论断都恰如其分，但未免有些太宏观了，有点放之四海而皆准的感觉。

如果从微观层面总结的话，我认为，深圳这种“用脚投票”模式选择下的依旧繁华，恰恰来源于城市治理者的开明、制度设计的温情和对个体人性的尊重，有道是“人性之水推动了深圳的船，顺水行舟成就了深圳”。

深圳的诞生，要从邓小平同志在春意盎然的中南海园内小路上那句“深圳，就叫特区吧”说起，从改革开放初期城市治理者喊出“时间就是金钱，效率就是生命”的响亮口号，再到“拥抱新时代，深圳再出发”的豪迈，深圳一路奋进40年，总是能够立时代潮头，领风气之先。

回顾深圳的崛起，道路也非一帆风顺。1978年的一天，“文革”期间曾在秦城监狱蹲过五年半大牢的袁庚正准备解甲归田，却突然被当时的交通部部长叶飞叫到跟前：愿不愿到香港招商局去打开局面？

听到“打开局面”就来劲的袁庚不但坚辞深圳市长之职，一头扎进蛇口，而且做好了“大不了再回到秦城去”的准备。

为了种好“试验田”，1979年7月8日，蛇口炸响了填海建港的开山炮，这是中国改革开放的“第一炮”，蛇口也因此成为新中国第一个对外开放的地方，比深圳特区早了一年。到1984年时，蛇口就创造了24项全国第一：引入第一个中外合资项目、率先实行超产奖励制度、第一次对外招商引资、最早实行工程招标……但批评的声音也接踵而至。1983年3月，上海某报曾发表《旧中国租界的由来》一文，影射深圳特区把土地有偿提供给外商使用，有变成旧中国租界之嫌。

1985年2月28日，一张鲜为人知的《蛇口通讯》小报发表了署名为“甄明伲”的文章《该注重管理了——向袁庚同志进一言》。该文直率地向蛇口工业区负责人袁庚“开炮”，直陈袁庚“还称不上是一个优秀的企业家”，请他“学习一下管理、注重一下管理”，这也开了我国同级报纸指名道姓批评同级主要负责人的先河。据后人考证，此文刊发前，报社总编辑曾三次请袁庚审稿，袁庚的表态是：“稿件已经看过，我认为可一字不改，照发。”单是这种雅量，就值得很多人学习。

20世纪90年代到21世纪初，深圳也遇到了“成长的困惑”。一方面，特区的外贸政策红利基本用完了，而新的产业还未孕育成熟。于是，网上那篇《深圳，你被谁抛弃》的文章也快速传遍全世界。

痛定思痛，深圳踏上了以最完善的机制、最优惠实惠的政策吸引投资、科技、人才等要素聚集的道路，坚持把工业、制造业作为经济发展的基础，顺利实现了“腾笼换鸟”，并开启了二次创业的成功之路。对此，深圳市原市长李子彬曾感言：中央给了15年的政策，再加上体制机制的优势、香港的投资等，就在这波红利快消失的时候，深圳进行了产业升级换代，科技创新是经济发展第一推动力，高新技术产业是深圳经济发展第一增长点，通过工业化进入现代化，打下了深圳未来腾飞的基础。

此外，“深圳模式”还在于其制度设计体现了对社会的关爱和善意。首先，“来了就是深圳人”的理念和气度，不会让外来人感觉排外进而产生压抑。其次，深圳能为科学家、投资者、企业家、打工者提供一个沧海横流方显英雄本色的大舞台。再次，深圳之所以能成为四个特区中的佼佼者，就在于其独特的打拼文化，深圳现居人口中非本地人或流动人口占绝大多数，本土文化和圈层固化现象不易产生，“大家都是打拼者”的氛围浓厚，很多人因为“包容”的城市氛围而选择留下来打拼。

更为重要的是，深圳的魅力还体现在“帮助人成功”和尊重人性的一面。人是有欲望和理想的动物，人的欲望是一把双刃剑，既是奋进的动力，也是恶之花蕾。深圳今日的成功，也许正是源于制度的善意浇灌了人性的花朵，无数年轻人的个性在这里得到了充分的张扬与释放。深圳并不完美，但总是让人留恋。正是这些希望改变命运、生命力极其旺盛的年轻人，像潮水一样涌向深圳，大浪淘沙，最终创造出了天堂。

把创业者、企业家当作座上宾、家里人，也应该是深圳崛起的重要密码和制胜砝码。

谈到深圳政府与企业家打交道，外界流传的故事也很多，但大多是深圳政府官员为民营企业和企业家请命的故事。深圳原市长李子彬回忆说：我认识任正非很多年，他都没有请我吃过饭，甚至过春节都没收到一束花，但我们确实是君子之交淡如水。当时华为还没这么大，我当市长时做调研，尤其是关于民营经济和企业体制方面的调研会，每次任正非都参加。华为那时候也不大，经常有困难，他就找我协调解决，那时候一年见几十次面。现在华为大了，困难也多，还面临美国的打压，没有那么容易了。我一年跟任正非董事长喝一次茶，不能再打扰了。但据说在李子彬退休后，任正非曾专程飞到美国请他吃饭，以表谢意。

改革开放以来，中国企业和企业家已经成为社会财富的主要创造者。2019年10月31日，深圳市政府提请市人大确定11月1日为“深圳企业家日”的议案，并在深圳六届人大常委会第三十六次会议第二次全体会议上通过。自此，深圳成为国内第一个以立法形式设立

“企业家日”的城市，以一座城的名义致敬企业、致敬企业家。2020年11月1日，“深圳企业家日”座谈会召开，深圳市四大班子领导悉数出席，再次体现了深圳对企业和企业家的重视与偏爱。

管理学大师彼得·德鲁克（Peter F. Drucker）认为，企业家精神中最主要的是创新，企业管理的核心内容是企业家在经济上的冒险行为。改革开放40多年来，创新始终是深圳的根和魂。某种意义上，深圳的城市基因与当代敢打敢拼的企业家精神高度契合。

客观地说，深圳崛起的背后，离不开政府主导，也离不开国家力量推动，更离不开创新驱动，但更深层次的原因可能在于，这是市场主导经济力量的成功，是一个个企业、一个个项目、一项项产业发展的成功，是政府和治理者遵循产业发展规律的成功，是最简单的帮助企业成就事业的成功。

对于政府来说，由“政府自己想问题”到“千万个企业家帮着想出路”“企业没事不上门，企业有事必登门”，实现了众人划桨开大船。深圳鲜见“官商勾结”的案例，这或许亦是深圳最值得其他城市学习之处。

从个体的角度看，城市的温度体现在政府的服务上。深圳将“来了就是深圳人”体现在真真切切替民着想、为民服务的细节中，让无数的“深漂”流连忘返。

我曾在某地因为打印个人社保缴费明细不得不来回奔波，但若是在深圳，诸如此类的小事分分秒秒便能在“i深圳”客户端上搞定，正是若干个“若是在深圳”，凝聚成一股助推深圳发展的巨大洋流。

深圳政务服务已成功开创了秒报、秒办、秒批等模式，不用让人“跑断腿”。目前，深圳已实现240项“秒报”事项，均为高频民生事项，比如无犯罪记录证明、小汽车增量指标摇号编码延期等。在政务服务群众评价方面，深圳建立了实时上报、差评核实、整改反馈等环节，构建“好差评”闭环工作流程。至今，深圳政务服务“好差评”实现服务事项全覆盖、评价对象全覆盖、服务渠道全覆盖，好评率在99%以上，差评整改率为100%。在2019年全国营商环境评估中，深圳在政务服务一级指标中，取得了满分的好成绩，位列全国第一。在国办电子政务办组织开展的网上政务服务能力第三方评估中，深圳已连续数年位列32个重点城市首位。

还有，如果对比全国各大城市的引才方略，深圳除了给钱、给政策外，还考虑到了人才来深圳工作后的居住、社保、职称等方方面面。此种关怀如涓涓暖流，直入心田。

由此足见，城市的竞争力和吸引力并不是单靠一个文件、一项政策构建的，难点就在于能不能入情入理、以心换心地把普通民众的问题解决好，也只有这样，才能以有温度的服务打造出有温度的城市。

总结深圳40年的辉煌，可谓一路风雨一路歌，充满了魔幻色彩。看似寻常最奇崛，成如容易却艰辛。正如习近平总书记所总结的那样：“40年来取得的成就不是天上掉下来的，更不是别人恩赐施舍的，而是全党全国各族人民用勤劳、智慧、勇气干出来的！”我们应不断以更大的奉献精神，努力做“实干家”，在脚踏实地的实干中担负起这份历史使命。

透视“深圳奇迹”，理解“深圳魅力”，我们更能理解“中国奇迹”和“中国之治”，在开启建设社会主义现代化强国新征程中更加珍视和汲取一往无前的奋进力量。

第二章

重庆：同步发力主城都市区和成渝地区双城经济圈建设

穿梭于重庆这座独具特色的山水之城，茶馆、酒肆、美女总能与你不期而遇。火锅、麻将、小面、棒棒……市井味道沉浸在九宫格（一种烫火锅的器皿）中，更洋溢于往来悠然而又惬意自得的神情中。只有到了夜晚，重庆两江四岸灯火通明，山城鳞次栉比的高楼倒映于江中，才会让你感觉自己正置身大都会。

我曾经在重庆求学，那时上课去趟教室都感觉像是在“翻山越岭”，真乃“天生重庆，铁打庐州”。后来出于工作缘故也经常往来重庆，见证了重庆日新月异的变化，也感受到了重庆蓬勃的发展。

作为繁弦急管的大都市，重庆的总面积相当于41个深圳、13个上海、11个广州、5个北京。但与北上广深津这5个城区人口过1000万的兄弟城市相比，重庆显得尤为淡然从容，就在这不紧不慢间，2020年，重庆GDP总量发展到大体与广州相当。在四个直辖市中，重庆GDP总量位列第三、增速位列第一。

有学者总结认为，若将重庆近年来的发展之路置于新时代背景下进行审视，重庆所进行的一系列改革探索，正是建基于对经济全球化、区域一体化这一时代背景的深刻认识，建基于对肩负的历史使命和现实国情的深刻认识。这种经过历练和实践所形成的“重庆模式”，将为中国高质量发展和广大中西部内陆地区实现后发崛起提供有益经验。

未来，随着“一带一路”倡议以及长江经济带、成渝地区双城经济圈建设等重大国家战略的深入实施，重庆利用其长江黄金水道和西部陆海新通道重要节点等优势，将在“通江达海”中实现更大作为，让中国的重庆逐渐变成“世界的重庆”。本章将主要围绕重庆主城都市区、成渝地区双城经济圈和西部陆海新通道建设以及品读重庆四个方面，系统探查和解读新时代重庆的崛起之路。

1.以大都市区建设推动山城一体化融合发展

重庆像大都市，重庆像大农村。

熟悉重庆的人都知道，一段时期以来，重庆的主城区主要是指渝中区、江北区、南岸区、九龙坡区、沙坪坝区、大渡口区、北碚区、渝北区、巴南区9城，这些地方经常是不少网红的打卡地。但在主城之外，重庆其他区域的城市面貌相对滞后，实力较弱，具有较大的挖掘空间和发展潜力。

重庆地域广阔，其地域面积接近于10个“大武汉”，城市治理难度可想而知。但另一方面，重庆集大城市、大农村、大山区、大库区于一体，以9个主城区为核心引擎推动构建主城区都市区，尽快形成一体化融合发展新优势已迫在眉睫。

城市经济圈以经济比较发达的城市为中心，通过经济辐射和经济吸引，带动周围城市和农村，以形成统一的生产和流通经济网络。同时，大都市区致力于覆盖中心城市周边的一批卫星城市（一般与市中心相距不到100千米的范围内）以及城镇，构筑具有一定特色的城市群体，共同参与经济竞争。

基于此，2020年5月9日，重庆主城都市区工作座谈会召开，打造重庆主城区都市圈被提上议事日程。

按照新的谋划，重庆主城都市区范围现已囊括重庆21个区，并涵盖两江新区、重庆高新区和万盛经开区。除重庆既有9个主城区外，合川、江津、永川、长寿、涪陵、南川、潼南、铜梁、大足、荣昌、綦江、璧山12个区“跑步”进入主城时代，一道成为重庆的主城新区成员。

从理论来看，都市圈的空间结构一般包括核心圈、外围圈、机会圈三个圈层。从重庆打造主城都市区的初衷来看，新入围的12个主城新区均在由主城组成的核心圈的直接辐射或可间接带动的范围内，重要方向应该是带动渝西片区的加速崛起。应当说，这既符合重庆市情和地形等实际条件，也较好地遵循了都市经济圈发展的内在逻辑。

从长远来看，构建大都市区是未来重庆推进新型城镇化和实现乡村振兴的必由之路，从而实现主城9区和渝西片区等区域更加紧密的融合互动，提升重庆城市建设品质以及大都市区经济发展的质量和效率。

从“1小时经济圈”的角度看，重庆交通路网格局还有待进一步完善。目前，虽然渝西片区已基本实现了通过高速公路、铁路与既有主城区的连接，但另一方面，还存在高速公路交通综合成本较高、班车铁路覆盖密度低、轻轨快轨运营线路有待延伸等问题。应围绕21城一体化发展目标尽快构建高效便捷、覆盖全面的互联互通交通网格，才能有效避免大都市区成员各自为政的状态，合力共建大都市区人流物流同城化、一体化发展新空间。

在产业布局方面，按照发达国家大都市区建设的经验，都市圈的核心圈必须具备向外围圈和机会圈提供产业孵化的能力，重点是提供融资、科技、人才等方面的支撑，同时还要全面考虑大都市圈的“铁公水空”布局、资源承载能力等因素，确保各区域内的产业分布呈现出多元和互补的格局，避免过度竞争和无序竞争。

针对重庆主城都市区产业合理布局问题，2021年重庆市政府工作报告明确提出，“十四五”时期，要构建“一区两群”协调发展格局，着力提升主城都市区发展能级和综合竞争力，梯次推动主城新区和中心城区功能互补、同城化发展。

在中心9城产业整体规划方面，重点是突出创新链顶端、产业链前端、价值链高端，加快集聚国际交往、科技创新、先进制造、现代服务等高端功能，提升整体发展能级，形成高质量的极核、硬核。以“两江四岸”为发展主轴，加快建设广阳岛、科学城、礼嘉悦来半岛、长江文化艺术湾区等重点区域，彰显“山水之城、美丽之地”的独特魅力。同时，规划更加明确了“十四五”时期各个区的发展目标和发展路径。譬如，对渝中区的定位是“现代服务业引领区”“美好城市示范区”“历史文化示范区”。

在主城新区产业规划方面，江津、璧山、长寿、南川四区被列为同城化发展先行区，合川、涪陵、永川、綦江—万盛被列为重要战略支点城市，潼南、荣昌、大足、铜梁四区被列为桥头堡城市。

现今，重庆主城都市区建设蓝图清晰，已经进入挂图作战阶段，但关键的关键还在于落实。

从新时代都市圈发展战略和机制方面的大量实践案例看，城市圈的经济合作不应简单地靠行政壁垒、计划和政府间的调控手段，而是应站在更高的战略层面上将政府的作用发挥在撤除都市圈行政壁垒、提供无差异的公共产品上，充分利用市场机制的作用，将产业和企业推上区域经济一体化的前台，实现都市圈各成员多赢的目标。

作为超大城市的山水重庆，是一座将人间烟火与现代都市两种气质无缝融合的大都市，让人置身高楼大厦又能随时邂逅山水田园般的生活。其气质与其他超大城市相比更多了几分淡定，少了些许烦躁；多了几分安逸，少了些许势利。

“江流自古书巴字，山色今朝画巨然。”主城扩容后的重庆，应该更是这般模样。

2.成渝地区双城经济圈建设对重庆的机遇与挑战

早上8点整，从重庆沙坪坝搭乘G8606次高铁，“复兴号”列车以最高350公里/小时的速度朝西北方向行进，渐渐由山城进入平原，62分钟后便抵达成都东站。便捷的交通线拉近了成渝之间的“时空距离”，实现了两地间购物、旅游、探亲访友的“朝发夕至”。

自古以来，川渝两地地缘相近，舟车往来。在新的发展时期，成都和重庆作为西南地区“双雄”，与西安一起并列“西部三大国家中心城市”。

2020年年初，国家又在西南地区画了一个“圈”，这个“圈”就是位于中国西南的成渝地区。在国家层面第一次提出“成渝地区双城经济圈”，这对该地区的两大中心城市——重庆与成都来说，发展前景不言自明。有学者认为，随着成渝地区双城经济圈建设提上日程，成渝地区将有望成为继长三角、珠三角、京津冀之后的中国经济增长“第四极”。

从2020年1月中央提出大力推动成渝地区双城经济圈建设，到同年10月中共中央政治局审议《成渝地区双城经济圈建设规划纲要》，标志着成渝地区双城经济圈建设已经上升为国家重大区域发展战略。成渝地区双城经济圈的提法较以往成渝城市群的传统说法，更明显地突出了成渝两大中心城市的核心带动作用，更加强调都市圈的概念。注重体现区域优势和特色，使成渝地区成为具有全国影响力的重要经济中心、科技创新中心、改革开放新高地、高品质生活宜居地，打造带动全国高质量发展的重要增长极和新的动力源。

《成渝地区双城经济圈建设的新结构经济学分析建议报告》认为，中国追赶欧美发达国家的空间就来自成渝所引领的中西部地区。因此，成渝地区双城经济圈不仅仅要按“圈”融合内部地区，也需要按“圈”规划加强与外部的融合。要携手京津冀、中原经济区以及东北地区，加快与东北亚和东南亚的密切合作，真正建成贯通东北亚和东南亚的东亚大动脉。

成渝地区双城经济圈建设的“圈”有多大？虽然目前还没有从

国家层面对其空间范围予以明确界定，但从近年来川渝合作的实际看，四川方面至少有成都、德阳、绵阳、资阳、眉山、乐山、雅安、内江、自贡、宜宾、泸州、遂宁、南充、广安、达州15市参与。重庆方面的参与力量至少涵盖上述重庆主城都市区所包含的21个区。对此有专家建议，尽快弄清成渝地区双城经济圈的空间范围是当务之急，应该将“圈”的范围划定在四川省除了甘孜、阿坝、凉山三州以及攀枝花市外的四川盆地的其他17个地级城市，面积18.79万平方公里，重庆市全域38个区县，面积8.24万平方公里，合计面积27.03万平方公里。这将有利于川渝两地区域发展的综合统筹协调和有效治理，有利于实现成渝地区双城经济圈建设制度设计的战略初心。

的确，四川很多地级市与重庆毗邻，从广安到成都要比到重庆远不少，因此大部分广安人购物、游玩甚至是就业，都会就近选择重庆。但在过去很长一段时间，用广安的电话拨打重庆都算是长途漫游，给很多人的生活带来困扰。但是，以后这种情况也许不会再有了——根据川渝联合印发的《成渝地区双城经济圈便捷生活行动方案》，双方将在2021年年底前，推动实施以交通通信、户口迁移、就业社保、教育文化、医疗卫生、住房保障等为重点的便捷生活行动，全方位实现互认互享。此外，川渝双方目前已经统筹相关资源，建立市场准入“异地同标”服务机制；创新推出营业执照“异地互发”

服务平台；跨省户籍实现“一站式”迁移……越来越多企业与群众享受到了双城经济圈建设带来的便利。

在推进“双城”交通一体化方面，目前成达万、渝万高铁建设已经相继开工，从成都天府新区到重庆两江新区已经实现高速公路连通，中欧班列（成渝）号正式首发启程，两地乘坐公交、轨道实现“一码通乘”……通过交通的互联互通，为频繁来往于两地的人们带来极大便利，“异地同城”“1小时交通圈”构建效果更加明显。

在推进两地全面合作进程中，重庆的主要思路是：大力推进基础设施互联互通，加快构建互联互通、管理协同、安全高效的基础设施网络；全面推动产业发展协同协作，聚焦汽车、电子信息、生物医药等重点产业，协同推动产业链供应链优化升级；统筹推进乡村振兴和城市提升，加快建设国家城乡融合发展试验区；要通过各种举措让两地老百姓和各类市场主体，享受更多“同城”待遇；合力推进生态共建共保和污染跨界协同治理，共同守护好巴山蜀水美丽画卷；要以共建“一带一路”为引领，加快建设内陆开放枢纽，深化综合配套改革试验。

从新时代推进高质量发展的要求看，成渝作为西部两大中心城市，合力推动双城经济圈建设是构建以国内大循环为主体、国内国际双循环相互促进新发展格局的重大举措，也是尽快打造新的经济增长极、解决我国区域经济发展不平衡问题的重要抓手。

但不可回避的问题是，都市圈的建设既包含合作也暗含竞争，涉及共振、互补、平衡、优化甚至是利益的再分配等维度，只有处理好其中的各种关系，才能实现取长补短、合作共赢。

尤其是在产业发展上，双方应重点围绕打造经济发展新格局和深化合作各自资源要素等禀赋，携手将具有比较优势的产业率先发展为优势产业，如重庆的汽车制造业、四川的白酒产业等，都有依托现有优势尽快形成产业集群的可能性，并且应该向瞄准打造世界级产业集群的方向努力。再比如，成渝地区旅游资源丰富、闻名天下，是不少游客心中的“天堂”，双方能否率先从基础的“成渝深度游”做起，携手开发更多的“文旅+产业+商务”精品线路，最终以文旅一体化为平台和纽带，实现加深彼此了解、在更多领域和更多层面进行合作的可能？

就成渝地区双城经济圈建设来看，双方可以通过有效的合作与互补避免无序竞争、无效竞争，并通过差异化的发展推进更长远的合作。举例来说，比如重庆有长江黄金水道，可以让川货甚至是西部广大地区的货物通过水路运送到中东部地区。

总体而言，国内外城市圈的发展和崛起都不是一蹴而就的，大都经历了形成、发展、成熟三个阶段，都是由小到大、由表及里、由弱到强的过程，特别是国外一些都市圈的形成和崛起大都经历了“百年沧桑”。但与城市圈崛起相伴随的是政府和相关组织对都市圈的规划，通过不断地进行经验总结、综合协调、机制优化、方向调整等，引导圈内经济整合的顺利实施。

从现代区域经济一体化的理论出发，无论是都市圈建设还是同城化发展，仅有政府部门的参与是远远不够的，为此要尽快设计与完善市场机制、政府机制、民间组织机制共同参与和作用的格局，引导都市圈建设高质量发展。

重庆和成都，你中有我、我中有你，一个是跌宕起伏、水路通达的山水之城，一个是一马平川、水旱从人的天府之国。或许，成都还是春天时，重庆已经提前“入夏”，我们不妨搭乘高铁去感受这顷刻间穿越春夏的滋味。

3.西部陆海新通道建设让重庆拥抱世界

重庆，一座大江与大山碰撞交汇的城市，境内有长江、嘉陵江、乌江等大河，城市的中心就“生在”长江、嘉陵江的交汇处。

山水塑造了重庆的美，山水也成就了重庆“通江达海”的优势。如果在以前，西部地区的货物想通过海运出口，那么在重庆上船再合适不过——货物从重庆顺流而下，经湖北、安徽、江苏后便可抵达上海港。

相较飞机和铁路、公路运输，水运的运输成本是极其低廉的。但相对其他运输方式，水路运输时效低下的弊端也比较明显。过去从重庆到上海转船再出海到东南亚，一般要耗费近1个月时间。遇到海上极端天气等情况则需要花费更长时间，因此那些保质期较短的货物根本不能船运。

提到西部陆海新通道建设，就不得不提到“中新（重庆）战略性互联互通示范项目”。2015年11月，中国和新加坡两国在联合发表的《关于建立与时俱进的全方位合作伙伴关系的联合声明》中指出，双方同意在中国西部地区设立第三个政府间合作项目，选择重庆直辖市作为项目运营中心。双方将金融服务、航空、交通物流和信息通信技术作为重点合作领域，确定项目名称为“中新（重庆）战略性互联互通示范项目”。该项目以“现代互联互通和现代服务经济”为主题，与“一带一路”“西部大开发”和“长江经济带”发展战略高度契合，其中，“陆海新通道”便是中新（重庆）战略性互联互通示范项目的重要组成部分。

由此，摆在重庆人面前的现实和命题是：从重庆出发经水路到上海有近2000公里，而到广西钦州港出海却只有1000多公里。“向东出海太远，能不能向南？”2017 年初，“南向通道”在中新（重庆）互联互通项目首次联合协调理事会上就被正式提出。

该通道利用铁路、公路、水运、航空等多式联运现代交通方式，由重庆向南经贵州，再通过广西湾、云南等沿海沿边口岸，抵达新加坡等东盟主要物流节点，进而连通国际海运网络辐射全球；向北和向东，分别在重庆与中欧班列和长江经济带连接。从具体操作层面来看，通过南向铁海联运通道出海，运行时间比经东部地区出海节约10天左右。

2017年9月25日，南向铁海联运通道常态化运行班列在重庆首发，西部出口的货物自此有了新的出海通道。西部的货物从重庆出发，通过铁路运输到广西钦州港出海，比经东部地区出海效率大大提升。如果更直白点说，重庆方面通过北部湾出口到新加坡，便可依托外港覆盖与辐射东盟、东南亚大部分国家和地区。

2018年年底，随着中国与新加坡签署多项双边合作文件，中新互联互通项目“南向通道”正式更名为“国际陆海贸易新通道”（简称“陆海新通道”）。这次更名，意味着在中新互联互通项目框架下，陆海新通道的内涵和外延更深、更广，建设内容从物流、基础设施等领域“硬联通”，扩展到数据、金融等领域“软联通”。

根据国家发改委发布的《西部陆海新通道总体规划》，西部陆海新通道已经上升为国家战略，预计到2025年，广西北部湾港集装箱吞吐量将达到500万标箱。重庆作为西部陆海新通道建设的发起者和倡导者，自然也是组织者和获益者。

2019 年 10 月，根据《西部陆海新通道总体规划》要求，西部地区12省区市和海南省、广东省湛江市在重庆共同签署《合作共建西部陆海新通道框架协议》。至此，西部陆海新通道形成“13+1”省区市合作共建格局。“13+1”共建格局形成后，重庆通过整合各方优势，带头共同组建跨区域的综合运营平台。

在协议签署当月，重庆与贵州、甘肃、新疆、宁夏达成合资合作共识，使合作的深度和广度均得到拓展。后来，广西、青海、云南、陕西、四川等西部省份又相继与重庆签署协议，推动西部陆海新通道共建共享不断走深走实，为新时代西部地区开发开放注入强劲动能。

以西部陆海新通道为“纽带”，重庆与世界的距离越来越短。通过不断改进提升，目前重庆—东盟冷链物流通道效率最高，从重庆至越南的物流耗时仅为30~40小时。此外重庆—钦州港公海联运在途时间从20余天缩短至40小时左右，重庆—钦州港铁海联运时间从20余天缩短至8天左右，重庆—钦州港江海联运时间也有所缩短。

据重庆市人民政府口岸和物流办统计，截至2020年年底，以重庆为运营中心的西部陆海新通道通达全球96个国家、260个港口。尽管2020年受新冠肺炎疫情影响，西部陆海新通道铁海联运班列（重庆—钦州）仍开行1137列，同比增长36.82%；跨境公路班车（重庆—东盟）开行2493车次，同比增长128%；国际铁路班列（重庆—越南河内）开行146列，同比增长125%。

从构建现代化运输体系的角度看，下一步，重庆还应当进一步强化通道能级建设，以打造畅通便捷、流通高效、产业繁荣、运行科学的主通道为手段，致力于提升通道物流服务效能、促进西部广大地区抱团发展，进而不断提升通道的对外开放水平和辐射带动能力。具体来说，重点是围绕增强铁路运力以及提升公路、港口和航空运输能力并不断降低运营成本，推动出海出境大通道高效有效衔接，助力重庆高质量打造内陆国际物流枢纽和口岸高地。

西部陆海新通道建设未来怎么走？《重庆市推进西部陆海新通道建设实施方案》明确提出，到2025年，国家规划的经重庆的两条主通道集装箱运量将达到30万标箱，铁海联运班列、国际铁路联运班列、跨境公路班车开行数年均增长超过15%，通道沿线国家（地区）客货运航线达到50条，建成与东盟国家产业合作示范区3个。到2035年，西部陆海新通道将全面建成，通道物流实现规模化、集约化运行，运营组织水平和通关便利化水平大幅提升，物流成本大幅下降，推动重庆建成内陆开放高地的作用充分发挥，为推动西部地区高质量发展、建设现代化经济体系提供有力支撑。

西部陆海新通道，一头连着中国西部、一头连着世界各地，如今已经成为一条比较成熟的国际贸易新通道。在“千年未有之大变局”的世界新格局下，西部陆海新通道在增强我国西部地区与世界经济交往、影响全球供应链和产业链中将发挥越来越稳定而重要的作用。

至于重庆，凭借千载难逢的机遇和新的“链接”方式，将实现向海而生，以崭新的面貌傲立西部、拥抱世界。

4.穿越“历史的三峡”，打造西部第一大都会

行走过很多城市，但重庆给我的印象最为特别。这里不仅有“轻轨穿楼”“魔幻立交”，还有磁器口的小吃、洪崖洞的夜景，更有渣滓洞、白公馆、红岩文化……让重庆犹如开挂般成为网红之城。

有人说，重庆像火锅，可以包容、杂糅、混搭各种文化和元素。也有人说，重庆明明是大都会，却让人感觉到接地气，没有大城市的压力，却有大城市的便利。如果是外出旅游，拍一张照片可以同时囊括飞机、汽车、轻轨、索道、轮船、步行这些元素的，仿佛也只

有重庆可以做到。

重庆是一个“3D魔方立体城市”，你以为的一楼其实可能已经是三四层了。如果是住酒店，大堂设在七八层甚至是十层以上的，你也不必惊讶。著名小说家张恨水说：“那是世界上最奇怪的建筑，那种怪法，怪得川外人有些不相信，比如你由大街上去拜访朋友，你一脚跨进他的大门，那可能不是他家最低的一层，而是他的屋顶……”

对于重庆的城市轮廓和地貌，“下江人”张恨水进一步总结道：“重庆地势如半岛，山脉一行，界于扬子、嘉陵两江之间，扬子南岸，沿山居人，街市村落，若断若续，统称之曰南岸，嘉陵之北，一城高踞山巅，与重庆对峙，则为江北县……江巴雄险，固亦未见其微也……”寥寥数语，却生动描绘了如今的渝中母城和重庆两江四岸的壮美景象。

的确，作为一座依山傍水、造化所钟的大都会，这里既节奏迅捷、光影变化、旋律高渺，又故事密集、风物如歌、气定神闲。重庆不像北京那样庄重典雅、定于一尊，重庆人也很难如上海人一样精明算计、计划有方，更难以像广州人那样乖善讨巧、唯利是趋。如果一言以蔽之，重庆——巴适、安逸、好耍，重庆人——简单、耿直、豪爽。

有着3000年历史的重庆，在其山河地势和气质文化里，历来不大尊崇和信仰平庸、中庸、妥协、退让等脾性。

元朝时，几十万蒙古铁骑横扫欧亚大陆，所向披靡，但由于受阻于重庆钓鱼城，蒙古帝国征服世界的战略发生了偏差。在四面包围当中，钓鱼城顽强抵抗了36年，硬是让蒙古大汗蒙哥阵亡于城下，史学家们称钓鱼城为“上帝折鞭处”。

1938年2月18日至1943年8月23日，日本调集其陆海空力量，对重庆进行了为期五年半的“航空进攻作战”，史称“重庆大轰炸”。其间，日本空军投掷下大量的燃烧弹，渝中半岛沦为一片废墟，数十万人无家可归，但这座城市没有竖起一面白旗。

无论是“上帝折鞭处”的钓鱼城，还是抗战时的“陪都”，重庆注定不会是一座“趴”着的城市，重庆永远是一座“站立着的城市”。

有社会学家指出，其实城市并不只意味着高楼大厦、灯火通明、市政设施，更确切地说，城市应该是精神的寄托物，某种习俗与性格的载体，它深入到那些使其得以形成的人们的生命进程之中，它是自然的产物，更应该是人性的产物。

自南宋以来，重庆商贸的码头历史绵延近千年，大部分居民都靠码头吃饭，爬坡上坎、肩扛背挑的“棒棒”，这是靠合作方能完成的工作。因此，比起一般的城市，重庆人更具有抱团意识和合作精神。

重庆的包容还来源于她一度是一座“移民”城市。秦灭六国后，不断将六国贵族迁入四川盆地，以巩固统治；明清两朝，为解决由战争导致的人口锐减，持续数百年的“湖广填四川”形成的庞大移民群体成为今日重庆人的祖先；抗日战争时期作为“陪都”、20世纪60年代的“三线建设”以及新近的三峡工程，都为重庆带来了大量“新移民”。如果要讨论重庆精神，应当且必然包括海纳百川、负重前行、坚忍不拔、刻苦克难、牺牲奋斗等精气神。

在外地人眼中，火锅绝对是令其对重庆印象最深的文化元素和“符号”。起源于重庆水码头的麻辣火锅，不仅是重庆人的最爱，更是这座城市独特气质的完美展现。热气腾腾的火锅，正如热情洋溢的重庆人，风风火火，爱憎分明；而一口九宫格，什么菜都能烫得下去，素不相识的人也可以在一个锅里烫毛肚，将重庆人开放、包容的个性体现得淋漓尽致。

重庆是雾都、火炉，喧嚣中有静雅，混沌中有秩序，人间百味尽在其中。那些三伏天能围坐在一起、光着膀子吃顿火锅的一定是“兄弟伙”，吃完一顿火锅让人酣畅淋漓，难以忘怀。

天生重庆，重庆的山造就了重庆的气度，重庆的水塑造了城市的轮廓。长江入川渝，总是选择与其他大河交汇。长江流过四川宜宾，形成金沙江、岷江、长江三江交汇之势，长江流过四川泸州又与沱江交汇；大江大河奔腾而下流到重庆时，越来越充满“负大舟”的气势。因此，地势最为崎岖、逼仄的重庆自然而然地被冠以“大都会”的名号。

一直以来，重庆在国家发展战略中便居于重要位置，从邓小平、刘伯承等老一辈革命家主政西南到“三线建设”布局国防建设，从探索大城市经济体制改革综合试点、第一个实行国家单列到成为直辖市，这些都是重庆作为西部内陆中心城市的见证。

新的发展时期，重庆勇立祖国西部和时代发展潮头，地缘优势、发展优势、政策优势三大红利叠加，可谓天时地利人和，打造西部第一大都会具有无限的可能性。

历史学家唐德刚说，中国的现代化转型，就像穿三峡一样，必定会有惊涛骇浪、千回百转，但不论时间长短，终必有通过之一日——这是历史的必然。

重庆打造西部第一大都会的过程，也许会充满艰辛与磨难。但这个艰辛而伟大的过程恰如去穿越“历史的三峡”，只有出巫峡、过夔门，才能目睹更多的奇丽。用唐先生的话说，到那时，就可扬帆直下，随大江东去，进入海阔天空的太平洋了。

千里为重，广大为庆。这是一种胸襟和气度，更是一种实干与担当。

第三章

南京：南京都市圈助力打造长三角世界级城市群

“南朝四百八十寺，多少楼台烟雨中。”在历史的长河中，南京一度是繁花似锦的大都会。作为六朝都会、十朝古都，南京有金陵、建康、建业、应天、天京等古称，令人悠然神往，发思古之幽情。

即使是按今人眼光看古代都市圈的构建，南京也不输给世界上的其他任何一座城市。据考证，早在1500多年前的中国南北朝时期，建康城作为梁国的国都，人口就已经超过百万，是当时名副其实的大都会。那个时候的南京是整个亚洲的中心，是全世界最大的城市，更是世界上第一个人口过百万的城市，建康城因此也与罗马城一道并称为“世界古典文明两大中心”。

在南京，登钟山，可以感悟历史流动的痕迹；漫步秦淮河畔，可以享受秦楼楚馆等古代文化的浸染；滚滚长江在这里急转而下，恰如时代的浪花在奔涌……恬静安适，包容兼蓄，文贯古今，厚德载物，这便是南京——一座在无数苦难中浴火重生的城市，一座在岁月飘摇的洗礼中坚挺成长的城市。

当我们拾起秦淮旧梦，拂去六朝沧桑，会油然生出“多少繁华化作烟雨散”的喟叹；当我们领略秦淮风华，感悟江南繁盛，方能体认“金陵故地又见日日新”的奇迹。

新时代，南京都市圈——全国启动最早的“跨省都市圈”，至今已经走过20载的发展历程——的建设，对于推进区域经济合作和高质量发展都具有重要的启示意义。

本章将围绕南京都市圈提档升级、长三角世界级城市群打造、品读南京三个维度，探寻南京都市圈的崛起之路。

1.南京都市圈能级和“版图”双提升

2021年2月，国家发改委正式就南京都市圈发展规划复函，原则上同意《南京都市圈发展规划》，这也是首个国家层面批复的都市圈规划，标志着南京都市圈经过20年的发展，已经从地方经济合作层面上升为国家战略规划层面。

当前，我国经济发展的空间结构已发生深刻变化，产业和人口呈现向大城市及城市群集聚的趋势，以城市群为主要形态的增长动力源正加快形成，这也正是南京都市圈能级提升的重要缘由。

南京都市圈的新“版图”，将新吸纳常州市溧阳市和金坛区入“圈”。扩容之后，南京都市圈“版图”将包括江苏省的南京市、镇江市、扬州市、淮安市；安徽省的马鞍山市、滁州市、芜湖市、宣城市；以及新入围的溧阳和金坛，形成“4+4+2”发展格局。

从人文和自然条件看，南京都市圈各城市自明代起就同属南直隶，至清代又共属江南省，彼此间地理相近、人文相亲、经济相连，具有推动一体化融合发展的天然优势。截至2019年，南京都市圈常住人口达3500万人、地区生产总值近4万亿元，分别占长三角地区的1/7、1/6，在全国同类都市圈中具备较强影响力。

关于构建南京都市圈，其实早在1986年国家计划委员会的研究报告中，即建议南京组织跨省经济试点的时候，就埋下了伏笔，不过随后沉寂多年，未有进展。南京都市圈的提法最早可追溯到2000年7月，其时，江苏省城市工作会议明确提出打造以省会南京为中心的经济联合体。

从都市圈发展实践看，影响都市圈综合竞争力的因素主要有经济实力、开放程度、产业能力、科技和管理水平、人口规模、资本实力、基础设施水平等，都市圈必须由具有强大的经济实力的核心城市带动，才能参与更广范围的区域竞争，最终为都市圈的健康稳定发展提供强有力的保障。南京作为江苏省的省会城市，论经济实力和发展资源本应该是省内首屈一指的。但长期以来，领跑江苏经济的城市却是苏州和无锡两座城市。虽然南京近年来已经超越无锡位居第二，但与其他省会城市相比仍不免尴尬。为此，强化省会城市功能、提升东部中心城市首位度一直是摆在南京面前的重要课题。

难能可贵的是，南京都市圈作为跨省域经济圈，在苏皖两省联合推动下，双方以“共建、共享、同城化”为目标，在2013年就建立了比较完善的议事协调机制，通过成立南京都市圈城市发展联盟，明确了都市圈决策层、协调层、执行层三级运作机制。在市场化机制结合方面，通过激发市场主体活力，发挥专业协会、产业联盟等作用，先后建立了南京都市圈智能制造发展联盟、城市广电协作联盟、物流标准化联盟等组织，整合各行业优势资源促进都市圈一体化建设。在特别合作区机制方面，就毗邻区域融合发展进行沟通衔接，创新启动了宁淮特别合作区建设。在日常运作环节，还形成了都市圈城市群党政领导联席会议、市长联席会议、专委会工作会议等多层次的互动协作机制，破解一体化发展过程中遇到的政策“肠梗阻”问题，使得都市圈成员间政策协同水平稳步提升，这也为促进都市圈建设提供了经验和借鉴。

根据都市圈发展的理论和经验，推进都市圈精细化发展需要根据不同城市的禀赋条件，有效整合都市圈的产业资源和创新要素，推动彼此间产业链、创新链实现有机衔接、差异发展。如此看来，南京都市圈各城市间应强化产业差异、专业分工的发展导向，打破以往溢出与承接的单向关系，走出一条梯度分布、各具特色的产业协同之路。此外还要大力学习借鉴周边都市圈人才、资金和科创等优势，引领南京都市圈走创新发展的道路。

可以预见的是，在“十四五”时期，面对国家对南京都市圈发展的新定位和长三角内部都市圈建设的新形势，提升南京省会城市的首位度和作用发挥，推动南京都市圈打造高质量发展区域“增长极”，是实现南京都市圈发展新目标的关键。

在推进都市圈基础设施互通互联方面，南京都市圈加快建设“米字形”高铁枢纽架构，推动宁天城际、宁安城际、宁启铁路等重点项目，建设“轨道上的都市圈”。持续强化禄口国际机场辐射功能，在都市圈内各市建设异地候机楼，实现航空服务的无缝对接。注重与都市圈各城市相互衔接，着力打造“1小时通勤圈”和“1小时生活圈”。目前南京与镇江、扬州、芜湖、马鞍山、滁州等市实现高铁或动车1小时内直达。滁州市中心到南京河西新城时间压缩一半，只需40分钟。加强5G、数据中心等新型基础设施建设，推动数据信息互通共享，携手打造“区域城市大脑”。积极打通省际“断头路”和“瓶颈路”，加快构建南京都市圈环线高速公路，基本形成都市圈快速通勤系统，进一步增强对于双循环新发展格局的支撑作用。这些措施也表明，促进都市圈内要素自由流动以及畅通互联的基础设施网络，对于推进都市圈内人、财、物、信息等要素自由流动有着非比寻常的意义。

结合南京都市圈发展规划看，南京作为都市圈的中心城市，未来还应围绕辐射苏中、苏北和苏南地区下功夫。同时要从全局高度考虑，把打造东部中心城市作为重要目标，与上海、杭州、“苏锡常”等城市联手，共同打造长三角世界级城市群。

从打造长三角世界级城市群的角度看，南京都市圈仍面临艰巨挑战。首先，南京都市圈的打造易与上海、杭州、苏州等城市形成正面竞争之势，限制其资源集聚和影响力的提升。其次，在东部地区，上海大都市圈无疑是集聚金融、人才、资本、科技的高地，南京都市圈应不断增强向西向北拓展发散的功能，持续放大长三角优势，这也是南京都市圈突围的重要努力方向。再次，南京都市圈建设需要更好协同各城市规划、建设、生态、产业、文旅等层面政策，只有两省“步调一致”，才能有效推进一体化、同城化的深入实施。

从区域发展角度看，南京都市圈建设作为长三角一体化发展的重要制度安排，理应遵循长三角一体化、高质量发展两个重要发展原则。为此，南京需立足省会城市、特大城市、中心城市“三大定位”，以打造能级更高、优势更突出的高质量发展引擎为目标，尽快引领周边城市形成新的经济增长带。在此基础上，还要大力提升发展要素的集聚和承载能力，为周边城市发展“加持”，合力推动南京都市圈建设取得实效。

从地理位置看，南京都市圈“承东启西、承南接北”，地处中国重要的沿海和沿江发展轴线的交会点，是东部与中西部经济发展的转换地带、南方与北方经济发展的交融区域，具有战略性的枢纽地位。由此出发，南京除了要发挥好中心城市引领辐射的作用外，还承担着服务江苏及皖江、皖东地区的重要功能。如果再扩大开来，南京要通过长江黄金水道承东启西，使长三角能够辐射和带动长江经济带地区，并通过京沪、宁西等通道，连南接北，辐射苏北及华东等更大区域。

总体上说，都市圈的成长过程是一个由核心向外围扩散的过程，但当都市圈发展到一定水平后，更具优势的各种资源和要素又会不断向中心城市回流，这大概也是未来的南京最为期待的结果。

结合当下高质量发展的主题，南京都市圈的构建还应当厘清发展目标和各方责任，完善短、中、长发展架构，综合考虑现实基础、分工合作、效率发挥、协同共振等因素，尽快走出一条量质齐升的发展之路。换句话说，只有兄弟城市的“水涨”，才能推动南京发展的“船高”。

2.打造长三角世界级城市群的历史机遇加速南京崛起

长江三角洲地区是我国最富庶的地区之一，也是中国经济发展最活跃的地区之一。其以仅占中国约2.3%的区域面积，创造了中国约1/4的经济总量和1/4以上的工业增加值，集中了全国约1/4的“双一流”高校，年研发经费支出和有效发明专利数均占全国1/3左右，因此，长三角一直被视为中国经济发展的最强力引擎。

就新时期长三角地区的发展，习近平总书记曾指出，实施长三角一体化发展战略要紧扣一体化和高质量两个关键词，以一体化的思路和举措打破行政壁垒、提高政策协同，让要素在更大范围畅通流动，有利于发挥各地区比较优势，实现更合理分工，凝聚更强大的合力，促进高质量发展。

根据国务院批复的《长江三角洲城市群发展规划》，长江三角洲城市群主要是以上海为中心，位于长江入海之前的冲积平原。长三角城市群包括：上海以及江苏省的南京、无锡、常州、苏州、南通、盐城、扬州、镇江、泰州，浙江省的杭州、宁波、嘉兴、湖州、绍兴、金华、舟山、台州，安徽省的合肥、芜湖、马鞍山、铜陵、安庆、滁州、池州、宣城26城。

就长三角城市群的空间格局来看，主要是构建“一核五圈四带”。一核即上海打造世界级城市群核心城市，五圈包括南京都市圈、杭州都市圈、合肥都市圈、苏锡常都市圈、宁波都市圈，四带是指沪宁合杭甬发展带、沿江发展带、沿海发展带、沪杭金发展带。

有“世界级城市规划之父”美誉的彼得·霍尔（Peter Hall）曾

说，世界上城市化程度最高的地区有一种新的城市现象正在形成，即特大城市区——由20个至50个城镇组成，地理上分开，但功能上联网，围绕一个或多个中心城市聚集在一起，密集的人流和信息流沿着公路、高速铁路和电信电缆网联系在一起，从新的功能分工中汲取巨大的经济力量。中国至少有长三角、珠三角两个经典的特大城市区。

相较珠江三角洲，长江三角洲拥有更加明显的地理区位、资源禀赋、产业积累等优势，特别是拥有世界经济大都市所不具有的广阔协作腹地，助力长三角成为世界经济最具潜质和韧性的新主角。

其实，早在20世纪80年代初，江浙沪专家学者就率先发出了关于长江三角洲联动发展的呼吁。1983年上半年，国务院上海经济区办公室成立，长江三角洲的联动发展迎来了第一次热潮。1989年，随着国务院上海经济区办公室的撤销，第一轮长三角一体化发展热潮终归于平静。

1992年10月，国务院提出要以上海浦东开发开放为龙头，尽快把上海建成国际经济、金融、贸易中心之一，带动长江三角洲和整个长江流域地区经济的新飞跃，这也引领长三角一体化发展再掀热潮。

1997年，上海、无锡、宁波、舟山、苏州、扬州、杭州、绍兴、南京、南通、常州、湖州、嘉兴、镇江14个城市自愿组成协调组织——长江三角洲城市经济协调会。此后，泰州和台州市又相继加入该组织，这也被视为长三角世界级城市群酝酿形成的端倪。

一般来说，城市群是城市发展到较高阶段的普遍产物，是以中心城市为核心，由不同等级和规模的城市所组成的一个相对完整的城市集合体，它可以实现单个城市无法达到的规模经济和集聚效益。从全球范围看，目前全球公认的大型世界级城市群有美国东北部大西洋沿岸城市群、北美五大湖城市群、日本太平洋沿岸城市群、英伦城市群、欧洲西北部城市群、长江三角洲城市群。这些城市群发展的共同特征主要是，在特定地域范围内，以1个以上特大城市为核心，由至少3个以上大城市为构成单元，依托发达的交通通信等基础设施网络形成紧凑空间组织、紧密经济联系，并最终实现高度同城化和高度一体化的完美搭配。

就南京都市圈和打造长三角世界级城市群之间的关系，国家发改委在关于南京都市圈发展规划的复函中已明确表态：要把南京都市圈建设成为具有全国影响力的现代化都市圈，助力长三角世界级城市群发展，为服务全国现代化建设大局作出更大贡献。同时，南京都市圈由江苏、安徽两省共同推进规划实施，指导推动政策会商和项目对接，解决规划实施中的突出问题，适时开展规划实施情况评估，及时总结经验做法。从此种意义上看，南京都市圈能否高质量建设、高水平发展，不仅事关苏皖，还关系到打造长三角世界级城市群的进程。

从打造长三角世界级城市群的角度看，目前成员中的超大城市仅上海一座，必须形成以南京、苏州、杭州、宁波、无锡等特大城市和众多中小城市为依托的巨大城市密集群。上海由于具有国际经济中心、金融中心、贸易中心和航运中心等多重功能，一直居于“中心”位置，而南京相较于其他特大城市，可供挖掘的潜力更多，发展的机遇和空间也最大。

如果从都市圈建设的“虹吸”和辐射效应看，当前南京对都市圈成员的“虹吸”效应较为明显，辐射效应还有待提升。

纵观世界级城市群的建设，无论是美国的湾区城市群和东北部城市群，还是日本东太平洋沿岸城市群，这些城市群的崛起首先体现在各城市间经济层面的深度整合，特别是在产业规划和发展层面，周密的统筹规划与协同分工必不可少，进而实现城市群在经济、产业、市场发展进程中的共振。

从现代城市经济新形态和发展规律来看，在有着几乎相同的历史文化渊源与资源分布状况的同一经济带中，特别是城市群中的重要中心城市之间，竞争表现最为激烈的就是产业竞争，这也是长三角城市群过去、现在和未来都无法逾越的“坎”。

客观来看，目前长三角城市群在产业定位、产业环境、产业要素等层面，仍面临诸多挑战：一是在产业发展定位上，产业同构的矛盾仍比较突出，由于同质化竞争的广泛存在，客观上制约了新产业、新业态的加速崛起。以南京为例，其产业结构与上海、苏州、杭州、宁波、合肥的主导产业高度相似，特别是在电子信息、汽车、能源化工等领域，长三角区域内企业重复投资、重复建设、恶性竞争的态势如果不能得到改观，整个城市群资源集约利用和产业功能整合的任务将无法完成。二是在产业环境方面还有待提升。要尽快围绕区域一体化总体目标，克服各板块各自为政的短视行为，尽快补齐营商环境、政务一体化、交通一体化等方面短板，加快形成“长三角区域整体品牌”概念。同时要关注产业规划和城市间协作分工，既要形成“赛马”机制，也要关注差异化格局的构建。三是在产业要素安排和调度方面，要围绕构建一体化、无差别营商环境，支持企业、人才、资金在长三角范围内的低成本自由流动，最终以“用脚投票”倒逼产业要素实现最优配置，共同做大长三角一体化“大蛋糕”，实现长三角世界级城市群在全球框架内占据一席之地。

从未来发展的角度看，长三角城市群既要有数量众多并在空间上呈密集分布的大中小城市，也要在超大、特大城市与大城市，中小城市和小城镇之间，形成合理的规划等级体系，以充分发挥城市群经济的规模和集聚效应。同时这也将促使各方站在国际和国家的层面看待长三角区域发展，加速构建具有全球影响力及竞争力的世界级城市群。建议用“产业地图”的方式统筹长三角城市群产业发展规划，实现城市产业协同发展，增强经济发展总体竞争力。

从推进长三角一体化长远发展的目标看，尽快绘制“长三角产业地图”显得尤为紧迫。对此，要围绕长三角产业发展布局和各区域定位，借助大数据、人工智能、分布式存储等技术，通过全面、准确、详尽地收集来自长三角区域的产业现状、产业要素、发展战略等信息，确保“长三角产业地图”发挥信息收集、信息互联、产业现状和发展分析等功能，为更好实现区域间产业分工合作和动态平衡决策提供依据。

为实现长三角地区要素资源的最优配置，建议在长三角城市群之间建立更加完善的省级、地市级、县区级不同层级的对话沟通与协调运营机制，及时就产业政策、城市规划、发展思路等进行互动和协商。必要时可设立专业运作机制，依托“长三角产业地图”进行资源交换和资源匹配，找准市场和政策机制的结合点，实现要素市场化配置与流动性提升，最大程度实现产业要素的优化配置，合力打造全球领先的世界级城市群一体化发展新格局。

立足都市圈理论，都市圈核心城市对经济圈经济的贡献占比一般要超过50%，才能有效辐射和带动周边城市崛起。对照此一标准，南京作为南京都市圈的核心，仍有一定进步的空间。此外，南京都市圈的高质量发展涉及跨省域、跨区域调配资源的问题，如何消除政策障碍、市场和行政壁垒，如何真正实现资源共享、相互开放市场、促进科技和人才流动、推进产业密切合作以及跨区域的基础设施互联互通等问题，仍考验着南京和各方的智慧。

按照《长江三角洲城市群发展规划》，未来的重点方向是培育更高水平的经济增长极，创造联动发展新模式。主要路径是发挥上海中心城市作用，推进南京、杭州、合肥、苏锡常、宁波等都市圈同城化发展。构建以铁路、高速公路和长江黄金水道为主通道的综合交通体系，促进信息、能源、水利等基础设施互联互通。到2030年，全面建成具有全球影响力的世界级城市群。由此可见，在长江三角洲城市群发展蓝图中，南京的位次仅次于上海。换句话说，南京未来发展能否取得新的突破，关键就在于能不能抓住这样重大的历史机遇以成就自己。

新时代的南京，机遇无限，潜力无限。一方面，建设南京都市圈是跨省协作、联动周边的过程，可以帮助南京实现弯道超车、加速崛起；另一方面，在做大自身经济总量的基础上，南京才更有实力联手上海、苏杭等兄弟城市，为打造长三角世界级城市群增添更强动力。

3.新时代南京正焕发名城活力、重振古都雄风

提到南京，很多人的第一印象便是六朝都会、十朝古都。作为历史文化名城，南京与北京、西安、洛阳并称中国四大古都，与北京、西安、洛阳、杭州、开封同列中国六大文化古都。

的确，南京地处长江下游中心地带，自然风光绮丽，历史人文厚重，它不仅是山水名城、文物名邦，还是千年文枢、江南首府。朱自清在散文《南京》中曾感叹：逛南京巷像逛古董铺子，到处都有些时代侵蚀的遗痕。你可以摩挲，可以凭吊，可以悠然遐想；想到六朝的兴废、王谢的风流、秦淮的艳迹。

如果总结南京建城2500多年的历史，你会惊奇地发现南京的历史是一部哲学史：它一次次地经历苦难，更一次次地在苦难中成长、崛起，创造出无比辉煌的文明和绝处逢生的复兴奇迹。有时，它的荣耀像露珠一样短暂而晶莹；有时，它经历的苦难足以让人刻骨铭心。繁华与落寂、兴盛与沧桑、宠爱与失落如魔咒般，一次次

地左右着金陵的宿命。

早在1500多年前，南京便是人口过百万的大都市。《金陵记》记载：梁建康城中28万余户，东西南北长约40里。古代的中国人大都几代人住在一起，也没有计划生育政策，如果简单按一户父母、夫妻、子女三代人计算，即使每户只算6人，建康城的人口也已经超过150万，这还不包括周边农村地区的人口。由此可见，当时的建康不论在人口方面，还是在城市建成区面积来看，都算得上世界第一等的大城市，才能使其与古罗马并称"世界古典文明两大中心"。

若论历史人文和名胜古迹，南京也足以让人眼花缭乱。南京在历史上称过金陵、秣陵、建康、建业、扬州、江宁、丹阳、昇州、白下、集庆、应天、天京，历史的风云际会一次次在这里上演。但南京之"京"古义为大，可见南京最直接的意思便是南部的大城市。据说，"南京"成为政治上的名称，是因为明太祖朱元璋定都应天府后改应天为南京而来，距今已经660余年。

尽管古都南京有各种各样的别称，但现代的南京人最钟爱的还是金陵这一雅称：一来金陵之名据说是因为2300多年前的楚威王在石头城筑金陵邑而来，二来则是"江南佳丽地，金陵帝王州"的名句为人千古称颂。

历史上，南京第一次成为"帝都"源于三国东吴的开国之君孙权从武昌迁都于建业，并弃用秦汉苦心经营400年的富庶秣陵城，在“钟山龙蟠、石头虎踞”的今南京主城区，重新建造了建业都城，这也为南京成为著名古都开创了“基业”。

在接下来的岁月长河中，南京作为“六朝名都”是名副其实的经济、文化、政治、军事中心，这是南京历史上曾经的“高光”时刻。后来，经历过南唐的峥嵘、明初的定都、太平天国的天京、民国开基等一系列的兴衰更替，帝王将相的荣耀悲怆、文人骚客的豪放哀怨更是在这里被演绎得淋漓尽致。即使如此，古都南京在中国历史上具有特殊地位和贡献却是有目共睹：南京是中国四大古都中唯一一个未做过异族政权首都的古都，被视为汉族的复兴之地。衣冠南渡使汉民族在金陵保存了华夏文化之正朔，这也深远地影响了中国历史的进程。

古往今来，南京人才辈出、璨若星河。在这片神奇的土地上，不仅有孙权、范蠡、王安石、岳飞、史可法等古代政治家、军事家青史留名，更有孙中山、周恩来、鲁迅等留下革命的足迹，还有李白、杜甫、刘禹锡、杜牧、李商隐、苏东坡、辛弃疾、王羲之、米芾、颜真卿等名家在这里留下诗书、墨宝和胜迹，为古城南京“代言”。

南京是一座神奇而又充满魅力的城市。有史学家概括道：古都南京滋养着一代又一代国人的缅怀与记忆。它是一块凝聚着中华血脉的巨石，浸染了太多的血泪与沉重；它是一部悠扬而悲怆的乐曲，奏响着成败与得失的悲壮乐章；它是一场穿越古今的烟雨，浓淡的历史痕迹仍清晰可鉴。

近年来，笔者数次踏上金陵故地，虽每一次都是行走匆匆，但有一种感觉在心中升腾——认识南京，让人悄然迷恋；走近南京，你会肃然起敬；品味南京，心灵深感震撼。

南京背负万里长江，腹地河道纵横，然而流经其腹地最长的河流却是秦淮河。仅是这一条秦淮河，水上两岸人家，悬椿拓架，为河房水阁，雕梁画栋，南北相望，更是留下了“十里秦淮”“六朝金粉”“风华烟月”“金粉荟萃”“乌衣巷口”“王谢风流”等脍炙人口的名句。

漫步南京明城墙，整个城墙穿插于自然山水之间，雄伟古朴、迤逦起伏，形似蛟龙，雄伟壮观。

登上钟山，更能感受到南京的地势优越、气象雄伟。古往今来，多少文人雅士遨游钟山，留下脍炙人口的诗文篇章。自孙权开始，钟山即成为帝王陵寝及功臣勋戚和伟大革命者的葬地所在。近代以来，特别是在洪秀全领导的太平天国和中国伟大的民主革命先行者孙中山先生领导的辛亥革命期间，多少悲壮惨烈的战斗在钟山进行，多少英雄志士在钟山浴血奋斗。还有南京的雨花台，这里倒下了无数的共产党人，为了今人的幸福，他们永远长眠于这方红色的土地上。

南京还有文庙、武庙、江南贡院等文化古迹，足见这是一方人文荟萃的风水宝地。或许是历史上的文人墨客们吟诵太多的缘故，南京总是以古朴、文艺、繁茂、沧桑等形象示人。殊不知，历史浸染和雕琢下的南京更是包容、温婉、大气、持久的象征。如果和南京人打过交道，就知道他们中的绝大多数都不卑不亢、从容淡雅、为人机警、处事大度。这座城和城里的人，一如悠悠几千年的金陵烟雨，不知不觉间被历史刻上一层朦胧的缱绻温柔之美。

古都南京，它历经南北朝的风华，见证了大明朝的开启，更默默接纳了近现代枪炮的轰鸣，当无数的烟云散去，也成就了一个生生不息、绝代风华的金陵。

凡是过往，皆为序章。新时代，金陵的故事还在继续，南京的繁华未曾停息。由全球化与世界城市研究网络（GaWC）发布的《世界城市名册2020》显示，2020年，南京在全球城市中位列第87位，较2018年上一期发布时提升了7位。在该榜单中，南京在中国大陆城市中排位第7。同时，世界知识产权组织发布的《2020年全球创新指数报告》也显示，南京在131个经济体中创新能力排名第21位，在国内仅次于深圳、香港、广州、北京、上海。2017—2020年，从第94

位、27位、25位到第21位，南京实现快速进位的“四连跳”。

流年笑掷，未来可期。“十四五”时期是我国城市发展版图重塑的重要窗口期，中心城市与都市圈、城市群将成为我国经济发展的新力量，这将为南京崛起提供良好的政策支持和巨大的发展机遇。为此，南京应致力于提升城市能级，聚焦打造高质量发展区域增长极，借助城建、人口、市场、科技、环境、产业、枢纽等创新发展优势，紧紧扭住扩大内需战略基点，在提供高质量供给、加快培育完整内需体系上下功夫。同时通过更高水平的扩大开放，更好地利用国内国际两个市场、两种资源，确保南京牢固成为国内大循环的战略支点和国内国际双循环的重要通道。

悠悠古都，灿烂华章。历史上的南京，绽放过太多的繁华光彩，也演绎过太多的颠沛沧桑，厚重得让人难以想象。面向时代立潮头，南京必将焕发名城活力，重振古都雄风，创造出更加恢弘壮丽的新辉煌。

第四章

武汉：聚力武汉城市圈，打造国家中心城市

“楚山楚水楚文化，大江大湖大武汉。”武汉素有“九省通衢”“华中之中”“中国心脏”之称，由于其境内水系发达、河网密集，武汉又被人称为江城。每逢盛夏，很多市民和游客都会到位于汉口龙王庙前的两江口附近，前来观看中国第一大江长江与其最大支流汉江交汇时“泾渭分明”的奇观——长江水呈浊黄色，而汉江多为碧波。

由于长江和汉水在市中心交汇，武汉形成了一分为三、三合为一的独特地域特色。武昌居大江之南，汉口和汉阳居大江之北。其中，汉阳居汉水之南，汉口居汉水之北。晴日里登高黄鹤楼上，极目武汉三镇，但见高楼林立、舟车繁华、车水马龙，不舍昼夜的长江滚滚东去，更衬托出武汉的江城气质。

作为华中地区的中心城市，武汉区位优势明显，目前拥有中国内陆最大的水陆空交通枢纽。水运方面，武汉一直是长江中游的航运中心，借力长江黄金水道西接川渝、东接上海可直通海外；陆运方面，如果从武汉乘高铁出发，你绝对可以遨游大半个中国；空运方面，武汉拥有50多条国际直达航线，是整个华中地区唯一可直航全球四大洲的城市。地缘优势加上交通便利，武汉承东启西、沟通南北、维系四方。

作为湖北省的省会、中部地区唯一的副省级城市、人口过千万的超大城市，武汉市对湖北全省的GDP贡献率达30%至40%，呈现“一汉独大”的局面。尽管武汉去年受新冠肺炎疫情影响较大，但其GDP仍占全省的36%左右。正因如此，武汉作为武汉都市圈核心城市，带动其与省内周边地市共建经济一体化发展格局，既有助于提升武汉乃至湖北的整体实力，形成新的增长极，更有利于巩固武汉“华中之中”和中部崛起“领头羊”的地位，将其打造成为国家中心城市。

本章将从武汉城市圈建设、武汉建设国家中心城市以及敢为人先三方面，探索武汉蓬蓬勃勃的发展潜力和锐意创新的时代气息。

1.武汉城市圈赋能湖北“领跑”中部崛起

构建武汉城市圈是湖北省深入推进区域经济一体化发展，实现区域协调发展，构筑高质量发展新格局的具体举措。

不同于南京都市圈的跨省协作，目前，武汉城市圈架构主要是“1+8”发展格局，以武汉为中心城市，带动周边100公里半径内的鄂州、黄石、黄冈、孝感、咸宁以及仙桃、天门、潜江这8个城市，实现经济一体化发展。此外，伴随着荆州洪湖市、荆门京山县、随州广水市、荆州监利县相继以城市观察员身份入“圈”，武汉城市圈目前包括1个副省级城市、3个省直辖市、5个地级市，以及6个县级市和15个县。

从多年的运行实践看，武汉城市圈以湖北省30%的区域面积容纳了全省50%以上的人口，对经济发展的贡献率占60%左右。武汉都市圈的构建，对内来说，可以壮大武汉乃至全省的经济实力，形成新的增长极；放眼来看，“中部崛起看湖北、湖北崛起看武汉”，这也是湖北“领跑”中部崛起，以至在更高层面上实现建设国家中心城市目标的关键。

从武汉城市圈的发展历程看，武汉城市圈的动议最初来自湖北省社会科学院，并在2001年成为政府部门的决策。2004年，湖北省“两办”以正式文件形式首次明确并固定了“武汉城市圈”这一提法。2007年12月14日，经报请国务院同意，国家发展改革委正式批准武汉城市圈为全国资源节约型和环境友好型社会建设综合配套改革试验区，这也标志着武汉城市圈在国家层面被认可。

新的发展条件下，《武汉城市圈区域发展规划（2013－2020年）》于2014年2月获国家发改委批复，正式上升为国家层面的战略规划。2015年3月，国务院正式批复《长江中游城市群发展规划》并明确要求，全面加快武汉城市圈一体化建设，推进武汉与鄂州、孝感、咸宁、黄冈、黄石等同城化发展，加强与汉江生态经济带和鄂西生态文化旅游圈联动发展。这为新时代武汉城市圈的创新发展和高标准建设提供了系统完善的政策指引和支持。

客观来说，当前武汉经济圈的经济总量和综合实力较20年前已经大幅跃升，为武汉巩固“华中之中”地位奠定了良好条件。从武汉城市圈未来发展的方向看，武汉发展的重点是打造“全国经济中心、高水平科技创新中心、商贸物流中心和国际交往中心”四大功能，加快建成国家中心城市，引领“大武汉”在中部、在全国崛起。

作为华中重镇，武汉一直以来就是我国重要的综合性工业城市，从洋务运动时期的“汉阳造”到新中国成立后建立的涵盖冶金、机械、汽车、食品、纺织、化工、建材、商贸、电子等门类齐全的工业布局；再经改革开放和市场经济的大潮洗礼，武汉形成了“钢车机新”四大产业支柱；步入新时代，武汉在电子信息技术、新材料、生物工程、光电子等新领域都有明显优势，为做强做大武汉城市圈发挥了关键性作用。

从产业发展的角度看，武汉城市圈形成的过程也是产业空间集聚的过程，正是由于成员间紧密的产业协作和互动，才推动了经济一体化理念的深入拓展和践行。特别是在当前科技创新、消费升级、构建“双循环”格局的时代背景下，武汉城市圈正处于产业结构升级和经济高质量转型的关键时期，为此还需进一步克服产业创新能力不强、资源要素配置效率不高、整体竞争力偏弱等不利因素的影响，进一步凝聚优势、形成合力，在更大程度上发挥武汉城市圈对湖北全省经济发展的先行示范和辐射带动作用。

从交通一体化发展的角度看，目前武汉城市圈现代化交通运输网格局相对完善。铁路方面，武汉城市圈依托高速铁路构建“1小时通勤圈”，形成以武汉为中心、辐射全国的铁路网，成员城市间甚至是部分县区间都有高铁连接；公路方面，武汉城市圈形成以高速公路为骨架、国省干线为支撑，以武汉为中心的环形放射状、各城市间相互贯通的公路网；水运方面，武汉城市圈坐拥长江、汉江两大水运主通道，为城市圈成员一体化发展外向型经济以及内河商贸流通提供了极大便利；航空方面，武汉天河机场是全国8大区域性枢纽机场之一，航线通达国际、辐射全国，同时鄂州国际货运航空枢纽建设也已经全面启动，有力构建起客货分流的城市圈经济“空中走廊”。此外，通过各种现代化的交通运输方式，武汉城市圈还构建了沿福银、京港澳、京九、沿江四条综合运输通道，较好地实现通达全省、全国范围的“多拉快跑”功能。

从构筑同城化生活圈的目标看，武汉在2018年就启动了武汉城市圈大通道的建设。根据规划，武汉城市圈大通道全长约360公里，将有效串联起武汉、孝感、咸宁、鄂州、黄冈等市的11个县区，计划于“十四五”期间全面完工。其中，武汉统筹建设205公里，武汉境内有157公里。目前，从武汉出发北上孝感、麻城，有汉孝、武麻高速，南下咸宁、长沙，有青郑高速，东去黄冈、鄂州、黄石，有武英和左高速，西去仙桃有汉蔡高速，去洪湖、监利有汉洪高速，武汉已经形成到新城区半小时、到城市圈8城市1小时、到周边省会城市4小时的交通圈。

从打造武汉城市圈核心区的要求看，城市圈内的其他成员需加强与武汉市规划的对接衔接，才能构建深度融合、区域一体的立体综合交通网络。同时要对接武汉城市建设标准，不断提升城市公共设施互联互通和一体化水平。在享受城市圈“同城待遇”方面，要以推动公共服务均衡发展为方向，提升同城化水平。比如，可以先探索以社会保障卡为载体，建立居民服务“一卡通”，加快实现公共服务一体化。

在全面提升区域产业集群竞争力方面，建设重点是布局并形成武鄂和黄石、黄冈联动发展的大格局，在更大范围内、更高质量上构建“大武汉”经济核心区，以实现更好地带动和引领城市圈各成员实现竞合抱团、发展平衡、优势互补。尤其是在武汉城市圈产业规划和发展方面，要提升下好“一盘棋”意识，建立更加科学、高效的协同联动机制，推动构建城市功能互补、交通便捷顺畅、要素双向流动、产业分工合理、公共服务均衡同质、环境和谐宜居的现代化城市圈。

综合来看，武汉城市圈区位居中，通达性好，加上先天强大的“水公铁空”路网格局，强化了武汉城市圈辐射、连接、通达的功能。特别是在武汉城市圈区域范围内的平原较广，为经济一体化发展和协作提供了广阔空间。此外，武汉自然资源丰富、教育资源密集、人才荟萃，使其在招商引资、科技创新、理念创新等方面具有不可多得的优势，这都是武汉城市圈不断增强核心竞争力、实现高质量发展的关键所在。

但客观来说，武汉城市圈经济实力与珠三角、长三角城市群还存在较大差距，未来还要围绕一体化、同城化等目标，继续做大总量、提升质量，确保武汉都市圈成为中部崛起的良好范例。

从更高层面、更大范围来看，武汉还应充分挖掘“长江+”的潜力和优势，加强与长三角城市群尤其是上海的经济联系和互动，可借鉴纽约－芝加哥“美国双核”的经验，强化并致力构建上海－武汉“中国双核”格局。从“美国双核”的经验看，纽约之所以能快速崛起并成为全美第一大都会，原因就在于它有芝加哥这一内陆区域中心城市作为巨大的经济腹地支撑，进而形成芝加哥（内陆区域中心城市）和纽约（港口城市）双核共振的“国家经济地理横轴”。

历史上，曾有人将武汉比作“东方芝加哥”，至今看来这仍有现实意义。从打造中国“国家经济地理横轴”的角度探讨，现阶段武汉在技术、经济、观念等方面和上海虽然还存在较大的梯度落差，但两者间合作互补的潜力更大，必须通过跳跃式的链接才能实现二者间广泛而深入的经济联系。换句话说，唯有进一步壮大武汉发展的总体实力，方能再论上海一武汉“中国双核”模式的构建。

从2020年6月1日起，湖北鄂州市率先启用“027”武汉区号，这是鄂州深度融入武汉一体化发展的重要标志。鄂州已经来了，其他城市还会远吗？

2.国家中心城市建设正引领“大武汉”复兴

相较于建设国家中心城市的宏伟蓝图，武汉城市圈建设只能算是个“小目标”。或者可以说，二者之间是目标与手段的问题，前者是发展目标，后者是实现目标的路径。

武汉从近代起便是我国数一数二的大城市，巅峰时的武汉曾与上海相提并论；曾经是亚洲的三大城市之一：上海、东京、武汉。武汉雄厚的实力曾创作了武汉辉煌的历史，但反思历史可以让武汉展望更大的世界。武汉是国内深具底蕴和底气的一座城市，综合优势更是在国内领先。纵观国内，几乎没有任何一座城市可以同时囊括产业基础扎实、区位优势显著、科教资源富集、水陆交通齐备、医疗机构丰富等发展“富矿”，因此，江城武汉是一座难得的天选之城、天造之城、天元之城。

现阶段，国家中心城市是我国城镇体系规划设置的最高层级。一般是指居于国家战略要津、肩负国家使命、引领区域发展、参与国际竞争、代表国家形象的现代化大都市，目前全国发展比较成熟的国家中心城市包括北京、天津、上海、广州、重庆五大城市。2015年以来，成都、武汉、郑州、西安相继被列入建设国家中心城市的“大盘子”。

支持武汉建设国家中心城市——2016年12月，经国务院正式批复，在国家发改委发布的《促进中部地区崛起“十三五”规划》中，明确赋予武汉建设国家中心城市的历史使命，由此，武汉迈向我国城镇体系的塔尖。

2018年年初，武汉正式出台《建设国家中心城市实施方案》，作出武汉“三步走”建设国家中心城市的具体部署。即到2021年，武汉地区生产总值要达到2万亿元左右；到2035年，初步建成在全球范围内具有一定竞争力和影响力的国家中心城市；到2049年，在富强民主文明和谐美丽的社会主义现代化建设中走在全国前列，建设成为具有国际影响力、全球竞争力和可持续发展能力的世界亮点城市。

但实事求是地说，当前，武汉实现建设国家中心城市第一步目标仍面临不小的挑战。2019年武汉GDP历史性地实现16223.21亿元，排名全国前八强，位列成都之后、杭州之前。但2020年由于新冠肺炎疫情的影响，武汉经济总量为15616.1亿元，出现小幅下滑。2021年武汉市《政府工作报告》指出，2021年武汉地区生产总值要增长10%。即使这个目标能够实现，距离2万亿的原定目标仍有一定差距。除非能通过一定的行政强制手段，将鄂州部分区域划归武汉或纳入武汉统计范围。

从武汉城市圈的建设成效来看，武汉城市圈经过近20年的发展，已经形成了了核心圈、外围圈、机会圈（辐射圈）良好互动的局面。但目前武汉城市圈偏于鄂东，理论上具有向西扩展的可能性，如果进一步向西拓展，就能将荆州、荆门、宜昌等城市拉入“圈”中。应当说，目前这样做的条件和机遇都比较成熟，如果武汉城市圈的范围能够继续有效扩大，必将引爆武汉城市圈的二次发展，助推武汉早日实现建成国家中心城市的目标。

结合都市圈理论分析看，城市群在形成的过程中，核心城市起着极其重要的引领带动作用。但在经历了极化阶段后，都市圈区域的地域结构进入了相对稳定阶段，难以再产生更多、更密切的深度联系。此时，都市圈结构的进一步转换往往来源于外围圈附近新的增长极的产生，这就是都市圈裂变发展的过程，也称作“二次极化”。

在国家规划的9大国家中心城市中，武汉说大不大，说小也不小。武汉人经常开玩笑说：“在法国，坐一小时车就到德国了，再坐一小时就到波兰了。而在武汉光谷，坐一小时车后，你人还在光谷，再坐一小时车，你仍然在光谷。”当然，这是由于光谷一带常堵车，也有大家调侃夸张的成分。然而，相对于重庆，武汉差不多只有其十分之一大，确实不能算大。武汉也不比北京和天津大，为何单单武汉落了个“大武汉”的名号呢？——这可能是武汉交通便利、通达四方的缘故吧，抑或武汉湖泊众多、地形复杂，大江大湖自发地衬托了武汉之大。

单就地理位置来看，武汉建设国家中心城市具有得天独厚的优势。首先武汉地处中部，市区位于长江中游，长江和汉水汇合处。从全国来看，武汉也正好占据了华中腹地的有利地形。若以北起黑龙江瑷珲南至云南腾冲的连接为界，我国陆地分为东西两大区块，武汉正好处于东西部的“圆心”位置。若按常规的中、东、西三大地块划分，武汉中部地带、长江中游中心部位的区位具有承东启西、交融交流的作用，这也使其可以更好地享受到东部地带的经济、科技、智力、信息优势与西部地带资源、能源优势双向对流的红利。

从综合实力看，武汉作为我国中部和长江中游地区唯一人口超千万、地区生产总值超万亿元的城市，区位优势突出，科教人才资源丰富，文化底蕴深厚，是引领中部崛起最重要的经济引擎，具备建设国家中心城市的基础条件。

按照国家对武汉建设国家中心城市的定位，武汉要依托自身独特的地缘优势，发挥“立足中游、引领中部、服务全国、链接全球”的重要功能。同时要高质量打造现代制造基地、服务高地、创新源地、开放平台功能，强化长江中游航运中心及综合交通枢纽建设，强化支撑和承启作用，拓展沿江发展新空间，挺起长江经济带脊梁，进而加快建成以全国经济中心、高水平科技创新中心、商贸物流中心和国际交往中心四大功能为支撑的国家中心城市。

在建设国家中心城市的进程中，武汉近年来瞄准“四大中心”地位，加快建设新一线城市和国家中心城市步伐。首先是进一步明确推动产业高质量发展、积极承接产业布局和转移、打造中部地区开放高地、加快推进美丽武汉建设、加快推进城乡融合发展等工作具体抓手。其次是加大其水港、陆港、空港资源整合统筹力度，围绕打造国际性综合交通枢纽的目标发力，夯实“立足中游、引领中部、服务全国、链接全球”基础。此外，武汉还致力打造国家全面开放的战略联接点，全面巩固长江经济带与“一带一路”联动发展战略枢纽的重要地位，增强对外开放平台功能，提高武汉国际竞争力和影响力，打造面向全球的内陆开放高地。

从长远发展看，人才是支撑城市崛起至关重要的因素。武汉在校大学生长期位居全国第一，百万在汉大学生不仅提供了强劲的消费动能，还有效提升了武汉的形象和知名度。同时，武汉还通过“留汉计划”，吸引更多的大学生留在武汉，这更为武汉建设国家中心城市增添了底气。

新时代，在“一带一路”倡议、长江经济带建设、中部崛起等国家重大发展战略的加持下，武汉发展机遇叠加，发展潜力无限。从立足引领中部崛起的目标看，武汉是中部崛起的最强引擎，是绝对的王者存在。另一方面，武汉最大的优势是“长江+地利”，以长江黄金水道为依托，武汉可以在更广地域、更大范围内发挥核心功能和引领作用。结合“一带一路”和长江经济带建设，武汉是长江中游的核心城市，是发挥辐射带动作用、打造长江经济带新增长极的重要战略支点，同时武汉作为超大引领城市，将与长沙、南昌等内陆城市一道，合力实现开放型经济高地的建设目标。

2020年，武汉经历了“浴火重生”，也在巨大的困难和考验面前重塑了“英雄武汉”的形象。但直面建设国家中心城市的宏伟愿景，武汉还面临大而不强、科技创新能力不足、产业链掌控能力不够、缺乏产业发展定性、产业全局谋划与落实能力不强等“待补的功课”“成长的烦恼”。为此，武汉还需要进一步地务实进取、开拓创新，脚踏实地、步步为营地为新时代“大武汉”的复兴之路而努力。

武汉人历来敢为人先、不乏智慧，以武汉光谷地区为例，2000年前后这里还是一片荒芜，鲜见人流。20年过去了，今天的光谷是武汉最著名的创新创业中心，各类新兴产业每年可创造过千亿的产值，成为武汉最重要的经济支柱之一。据说，为缓解光谷地区的交通拥堵，武汉光谷“空轨”已经在路上，预计2021年即将投用。

立足时代，放眼全球，“大武汉”这一列时代“复兴号”，正披荆斩棘、乘风破浪，挺立时代潮头，实现新的跨越和崛起。

3.敢为人先的气概让武汉续写英雄城市的辉煌

2020年对于武汉来说，是极其特殊和难忘的一年。为防止新冠肺炎疫情大面积扩散，武汉以壮士断臂的巨大责任感果断封城76天，1000多万武汉人胸怀大局、克服困难、同心战疫，为全面战胜疫情争取了最佳时间窗口和最大的主动权。就此，钟南山院士在接受媒体专访时满含热泪地说:“武汉，本来就是一座很英雄的城市。”

武汉是一座有着3500多年历史的文化古城，商朝方国建立的宫城盘龙城是武汉建城的开端，历史人文厚重。从地理位置来说，武汉地处华夏之“中”，其与东面上海、西面成都、南面广州、北面北京的距离相差无几，约1200公里。极佳的地理位置外加长江和汉江天险，造就武汉吞吐山河的磅礴气势，使其成为一座别具英雄气概与豪情的城市。

我曾在武汉求学三年，这期间正值武汉大张旗鼓地宣传“敢为人先、追求卓越”的武汉精神，因而对此也有较深刻的理解和记忆。据说“敢为人先、追求卓越”这8个字是经过武汉20万市民历时4个月热情投票产生的。

武汉在历史上确实有过太多的敢为人先。从223年夏口城的构筑到宋元战争成为战略枢纽，武汉长期以来都是兵家必争的军事重镇。近代以来，大武汉曾经是与大上海并雄的城市，从洋务运动的革新自强到九省通衢的工商业大都会，武汉形成具有鲜明现代气息的城市文化。正是这种历史条件与时代基因的交错，武汉为辛亥革命孕育了最为适宜的土壤，武昌起义“敢为天下先”的首义精神则代表了武汉城市的英雄气魄，是武汉城市文化的重要组成部分。

武汉历史上的第一次辉煌是三国时期的孙权在这里建都称帝，221年，孙权改鄂县为武昌县，并在此建都。根据《三国志》等史料的记载，孙权于武昌（今湖北鄂州）正式登基为帝，建国号为吴，孙吴王朝正式建立。

南宋时期，民族英雄、抗金名将岳飞在武汉一带四次北伐，武汉是十万岳家军军魂所在之地。岳飞还曾登上黄鹤楼，看着滚滚流去的长江，遥望中原故土，写下“何日请缨提锐旅，一鞭直渡清河洛。却归来、再续汉阳游，骑黄鹤”的千古爱国名句。英雄城市承载了英雄的格局与胸怀，将爱国、坚强不屈的民族精神与民族气节，始终延续，以启后人。

19世纪60年代，为救亡图存，清政府中的有识之士发起了以革新自强为主要目的的洋务运动。武汉作为张之洞推行洋务运动的重镇，在清朝末期开始逐步发展工业，汉阳铁厂、湖北枪炮厂声名显赫。优秀的武汉时代精英们，以敢为人先的精神，冲破重重阻挠，勇敢地走在时代前列，大胆学习西方先进教育、科学技术。教育方面，武汉创办了“自强学堂”（今武汉大学前身）、农务学堂（今华中农业大学前身）等众多知名大学。在生产制造方面，武汉创立了汉阳铁厂、湖北枪炮厂、湖北织布局等众多现代化企业……那时的武汉是何等的繁华，经济贸易仅次于上海位居第二位，繁华程度与上海并驾齐驱。

1911年10月10日，武昌新军起义爆发，经过连夜激战，在革命党人们奋不顾身、前仆后继的战斗下，革命军最终顺利攻占武昌城，打响了辛亥革命胜利的第一枪。武昌起义成功后，汉阳、汉口革命党人也分别攻占汉阳和汉口，武汉三镇成功光复。随后，湖北军政府成立，改国号为中华民国。革命火焰迅速席卷全国，湖南、广东等15省宣布独立，最终让清王朝皇帝宣布退位，结束了中国延续2000多年的封建帝制。

著名历史学家、辛亥革命史研究专家、华中师范大学教授章开沅认为，首义精神乃是敢为天下先。首义精神实质上是对祖国的热爱，追求社会进步和人民幸福。新时代更倡导“善为天下先”，进而成为武汉精神——敢为人先，追求卓越。首义精神也是武汉城市文化的重要组成部分，是地域历史文化即荆楚文化的延伸和传承。追溯荆楚文化的特质，有人用五句古语来概括，即“筚路蓝缕，以启山林”“抚有蛮夷，以属华夏”“不鸣则已，一鸣惊人”“楚虽三户，亡秦必楚”“惟楚有才，深固难徙”。正是这些文化基因熔铸了武昌首义志士的人格，从而创造了划时代的壮举。

历史上，武汉还是第一个收回外国租界的城市，武汉会战更是彻底打破了日军速胜的美梦，抗洪胜利、上千万人联手抗击疫情……

在时间的长河中，武汉犹如英雄般以舍身忘我的情怀，敢为人先，勇于破旧立新，勇敢地冲在时代最前沿，做风云际会的弄潮儿。

在建立中华人民共和国的征途上，武汉也是功不可没。毛泽东曾说：中国的民主革命是从孙中山开始的。辛亥革命是中国民主革命的一份宝贵遗产，它推动了武汉民主运动的蓬勃发展，成为武汉城市文化中夺目的亮点。

依我的理解，武汉的敢为人先，至少包括敢作敢为、先机夺人、勇争人先三个层面。

武汉人也是精明的，精明用武汉话来说就是“贼”，这对于地道的武汉人来说绝对是赞美之词。还有人说，武汉人天不怕地不怕。确实，武汉城市本就是靠码头商埠发展起来的，天南地北的生意人、“跑码头的”“跑江湖的”都是个顶个的聪明人，如果你不“贼”怎么能够能在“码头”立足！另外，走南闯北各种各样的人见多了，自然便容易养成精明强干的性格。

作为“百湖之城”，武汉倚江而建，整个城市更不是那种“横平竖直”的布局，街道经常是想拐就拐、想岔就岔，不拘于规矩和章法，给人一种悠闲、浪漫的感觉。武汉生活节奏也不快，被称为中国“最市民化的城市”。

如果是去武汉旅游，不妨坐一下有名的“武汉公交”，品尝下正宗的“四菜一汤”：四菜即黄鹤楼、古琴台、首义广场、户部巷小吃街，一汤即东湖。据说，从1953年2月至1974年10月间，毛主席先后48次到东湖，最长的一次住了178天，累计居住时间仅次于北京。在这里，毛主席还拍板长江大桥、武钢等重大项目建设，留下了“万里长江横渡，极目楚天舒。不管风吹浪打，胜似闲庭信步……”“一桥飞架南北，天堑变通途”等脍炙人口的诗句。

提起有“天下江山第一楼”和“天下绝景”之称的黄鹤楼，建筑的精美绝伦是黄鹤楼的一大特点，但最重要也最吸引游客的地方在于黄鹤楼是一座将书法、壁画、历史典故等尽收囊中的文化宫殿，是江城武汉的标志性建筑。从古至今，无数文人骚客在这里咏物抒怀、寄情山水，或是依依送别，抑或是托物言志。

登上黄鹤楼，武汉三镇尽收眼底，“长江携汉水，滚滚向天流”，视野可谓豁然开朗。在这里，你可以感叹“晴川历历汉阳树，芳草萋萋鹦鹉洲”，也可以抒发“故人西辞黄鹤楼，烟花三月下扬州”“黄鹤知何去？剩有游人处”“日暮乡关何处是？烟波江上使人愁”的惆怅。

武汉水资源极其丰富，临畔着长江，穿梭于汉水，加之星罗密布的大小湖泊，让武汉一下子“水灵”了起来，使得这座城市钟灵毓秀、人杰地灵。但武汉也是“大火炉”，夏日里团团热气将整个城市“罩”住，上趟街便汗出如浆，宛如桑拿。

闷热的天气造就武汉人“火辣”的性格，武汉人讲话“搞么事”等俗语随口带，这才更像一个真实的武汉。还有，武汉人早餐都吃热干面，各家饭店都用纸饭盒装热干面，“纸盒端上街”也让人感觉武汉是座匆匆忙忙的城市。

如果有时间光顾汉正街、户部巷、江汉路、吉庆街，你会发现武汉人好像都在做小生意。汉正街上，十里长街全是小商品，过去南北商人云集于此，好不热闹。武汉商人谨慎精明、不轻易服输，武汉有句俗话“杀不死的猪”，意思是天底下没有做不了的事，这也是对“敢为人先、追求卓越”武汉精神的绝妙概括。

新时代，长江中游地区是我国城镇化发展相对较快的区域，已形成以武汉城市圈、长株潭城市群、环鄱阳湖城市群、皖江城市带为主体的城市集群。其中，武汉城市圈的经济优势、辐射功能极其明显，也使武汉成为中部各省份中名副其实的带头“老大哥”。

江城武汉，江汉交汇，三镇鼎立。放眼滚滚潮头，武汉仍面临着时代托付的壮大武汉城市圈、引领中部崛起、建设国家中心城市、为“一带一路”和长江经济带建设凝聚合力等重任。最后，套用楚人屈原的一句名言：“路漫漫其修远兮，吾将上下而求索。”

第五章

天津：渤海明珠正焕发出新时代风采

“嘛钱不钱的，乐呵乐呵得了……”这是天津人日常交谈中最为常用的一句口头语。初听总是给人一种财大气粗“不差钱”的感觉，但细细品味则会感觉到天津人的生性乐观、幽默恬淡。

作为四大直辖市之一，天津的发展赶不上北京帝都、上海魔都，离重庆雾都也有不小差距。但作为哏都，天津曲艺之乡的美名却是传遍天下。到了天津，不看看“万国建筑博览”，不听听评书、相声、京东大鼓，不赏赏昆曲、时调、评剧，不吃吃大麻花、狗不理包子、煎饼果子，实为人生一大憾事。如此种种也说明，天津是一座充满生活气息、烟火气息、市井气息的大都市。

天津，在中国古代意指“天子的渡口”，也称“津门”。从地理位置看，天津拱卫京城、面向大海，坐拥中国北方最大的综合性港口，有着对外交流与开放的悠久传统。特别是近年以来，天津立足自身区位优势，抢抓“一带一路”建设等重大机遇，全面融入京津冀协同发展战略，着力打造自由贸易试验区，又一次站在了新一轮改革开放的最前沿。

从中国经济版图上看，粤港澳、长三角、京津冀构成中国“三大经济圈”“三大城市群”。天津作为京津冀城市群的中心城市之一，作为全国先进制造研发基地、北方国际航运核心区、金融改革创新示范区、改革开放先行区（以下简称“一基地三区”），地位更加凸显、角色更加重要、发展空间更加广阔，这必将引领天津这一渤海明珠城市在新时代焕发更加迷人的风采。

本章将结合京津冀协同发展、环渤海经济圈、“一带一路”建设等维度，探讨天津在新时代面临的机遇和挑战，并通过对哏都独特历史文化的解读，带您品味天津味，感受天津卫。

1.京津冀协同发展中的“天津作为”

天津，简称“津”，也称“津门”“津沽”。作为华北重镇、渤海明珠，天津占据北方特有的门户枢纽，具有优越的地理条件。作为因漕运而兴的繁华都市，天津因隋唐大运河而诞生，也因大运河而闻名。中国历史上第一人工运河和其他两条自然运河汇成“三岔河”，天津由此成为漕运交通的中心枢纽，自古便有“漕运兴而天津起”的说法。

天津城市的灵动源于天津港这一天然良港，同时又兼具“地当九河津要，路通七省舟车”之利，水运便利可辐射“三北”（东北、华北、西北）地区，陆路更是通南接北、直抵欧洲。

天津城的繁荣有必然的原因，近代被迫开埠以来，早期工业的萌芽在此生根，使天津成为华北乃至中国工业的摇篮，成为中国工业文明的先驱城市。由此，天津曾创造了近代中国第一所大学、第一家公立医院、第一辆有轨电车、第一家机器铸币厂、第一个邮政局、第一个电报局等“百个第一”，素有“近百年看天津”之说。此外，天津在经济上向内陆发展的腹地非常广阔，从而形成北方最大的贸易港口。

进入新世纪以来，天津在环渤海经济圈各城市中独占鳌头。依托天津港的先天优势，天津的城市发展定位也历经数次调整。1986年，国务院对天津的定位是“拥有先进技术的综合性工业基地，开放型、多功能的经济中心和现代化的港口城市”；1997年，这个定位修改为“环渤海地区的经济中心，现代化港口城市和我国北方重要的经济中心”；2006年，国务院批复的《天津城市总体规划（2005—2020）》中，天津城市被定位成为“环渤海地区经济中心，国际港口城市，北方经济中心和生态城市”。2018年11月，立足京津冀协同发展战略，中共中央、国务院进一步明确提出，要以北京、天津为中心引领京津冀城市群发展，带动环渤海地区协同发展。

新时代的天津正乘风而行、踏浪而歌，目前，天津港作为中国北方最大的综合性港口、世界等级最高的人工深水港，可以满足国际上最先进的集装箱货轮进出港口，是京津冀的最佳出海口，也是中国对外开放的桥头堡，正奋力打造世界一流的绿色港口、智慧港口。

从京津冀协同发展战略安排看，天津东临渤海、北依燕山、西靠北京的独特地理位置，自然而然被赋予京津冀“海上门户”的重要职能，是京津冀联通全球的重要开放平台。据天津港集团官方资料显示，目前，天津港已辐射世界上 200 多个国家和地区的 800多个港口，让“天下港口、津通世界”品牌更加响亮。

从环渤海经济圈构建的角度看，由于渤海是一个内海，被辽东半岛、山东半岛和华北平原“C”字形环抱，覆盖面积遍及大半个中国，并且是东北、华北、西北和华东部分地区的主要出海口。东北三省及内蒙古东四盟的粮食、畜牧产品、石油，西北地区的煤炭、皮毛，华北地区的石油、轻纺产品，渤海的海产品，甚至远在数千里的青海、新疆的货物都要经过这里运往世界各地。环渤海经济圈狭义上是指京津冀、辽东半岛、山东半岛环渤海滨海经济带，广义上便可拓展辐射到辽宁、山东、山西以及内蒙古中东部，约占全国国土面积的13.31%和总人口的22.2%。

从天津港的历史沿革和地缘优势看，其对内立足天津、服务京津冀、辐射“三北”地区，朝外则直面东北亚、面向太平洋、共建“一带一路”，能够为推动京津冀协同发展和“一带一路”建设发挥“天津作为”。但客观来看，天津港周边大型港口距离非常近，上有唐山港，下有黄骅港。而且近年来受生态环保等因素制约，唐山港已经承接了天津港大量原油、煤炭、钢铁、矿石等大宗原材料的吞吐任务，而黄骅港是国内最知名的运煤大港，这些因素客观上削弱了天津港的综合实力。另一方面，北方渤海黄海海域的港口极多，一些港口在辐射东北亚方面更具优势。且随着近年来共建“一带一路”的深化，辽东半岛和山东半岛都在深挖自身港口优势，并借助一系列国家重大战略实施的良机，着力打造了一些相对独立的都市圈雏形，一定程度上对环渤海经济圈的构建形成挑战。

从全面融入京津冀协同发展战略的角度看，天津的优势正在于其拥有良好的区位、产业、港口、交通等优势，以及改革开放先行区、金融创新运营示范区、自由贸易试验区、国家自主创新示范区等创新动力的扶持。从致力打造“一基地三区”的长远发展目标看，天津未来要主动服务北京非首都功能疏解，主动服务雄安新区建设，在加快构建以国内大循环为主体、国内国际双循环相互促进的新发展格局中，致力成为国内大循环的重要节点、国内国际双循环的战略支点，发挥朝内服务辐射“三北”地区，朝外直面东北亚、面向太平洋的“两个扇面”独特优势。

从新时代区域经济一体化高质量发展的诉求出发，京津冀协同发展要兼顾效率、公平、可持续和安全等因素，譬如天津港的爆炸事件、河北很多地区的重污染问题等，都应引以为戒、坚决杜绝。

此外，京津冀协同发展要依托现有基础，通过竭力扬长避短、互相取长补短，大力整合三地资源和发展要素优势。

从天津港近年来主动服务京津冀协同发展的实践看，天津港积极打破“一亩三分地”思维，与河北港口集团等签署了全面战略合作协议，津冀港口形成合力，更好服务京津冀协同发展。目前，以天津港为中心的环渤海内支线航线运输网络已粗具规模，天津港与唐山港、黄骅港、曹妃甸港等港口形成干支联动、无缝衔接、相互支撑的有力格局，19条内支线覆盖环渤海主要港口。2020年，天津港环渤海内支线运量超100万标准箱，同比增长67%。

与此同时，天津港不断加强京津冀地区的物流体系网络建设，在原有物流节点的基础上，创新发展“直营店”“加盟店”模式，推进无水港网络向港口营销网络转型升级。截至目前，天津港集团在京津冀地区设立的内陆服务营销网络直营（加盟）店已达35家。为积极服务雄安新区建设，设立了天津港雄安新区服务中心，与周边保定、胜芳、白沟等物流服务节点形成联动，初步构建起了“一中心三节点”的前端服务平台。此外，天津港集团高度重视服务北京的物流服务网络建设，在北京设立了区域营销总部，建立了1家直营店、8家加盟店，有效实现了港口服务功能的延伸，为首都提升物流服务水平和保障能力作出了贡献。

在交通一体化方面，自京津冀协同发展战略实施以来，经过7年多的建设，轨道上的京津冀日渐成型，城际铁路不断“舒筋活络”；三地联手共同打通“断头路”、拓宽“瓶颈路”，一个立体化的互联互通交通网络逐渐形成，促进京津冀协同发展不断深入，助力京津冀早日建成世界级城市群。

目前，京津冀城市群核心区1小时交通圈，相邻城市1.5小时交通圈基本形成，数10条跨省公交线路常态化运营，交通一卡通实现与233个城市互联互通，为建设世界级城市群奠定良好基础。根据中共中央、国务院印发的《国家综合立体交通网规划纲要》，未来还将建设面向世界的京津冀、长三角、粤港澳大湾区、成渝地区双城经济圈四大国际性综合交通枢纽集群。这也标志着，京津冀协同发展正从原来的京津“双城记”扩展为整个京津冀城市群的“多城记”，多层次立体轨道交通体系正不断缩短京津冀之间的“距离”。

从经济一体化角度出发，京津冀还无法在短时间内实现户籍、就医、就学、办事等方面的同城化待遇，如何破除壁垒更好地实现一体化发展，考验着各方的智慧，也影响着京津冀协同发展的深度和广度。

结合都市圈理论分析，京津冀一体化发展的交会点和重要依托是“京津综合发展轴”，即北京—廊坊—天津中心城区—核心区。据统计，京津冀1亿多人口中，分布在这个主轴上的有近2000万人，高铁、公路和天津港口交织构成了一条交通走廊。此外，这个主轴还是一条高科技走廊。中关村—亦庄—廊坊—天津滨海新区以及高新区和科技城走廊基本已经成型，分别类似美国的高速公路、硅谷走廊的发展态势。

从促进产业健康发展的角度看，京津冀协同发展战略还需进一步完善和夯实三地承接平台和载体。目前，北京在金融、科技、人才等方面对天津和河北形成巨大“虹吸效应”，客观上限制了津冀地区高科技产业的发展，造成创新动力不活跃。另一方面，要疏解非首都功能必须建立科学完善的产业对接机制和平台。具体而言，要统筹优化承接机制，建立深度覆盖的承接平台，才能找准有效合作的最佳契合点，实现北京科技创新对津冀产业高质量发展的带动和辐射作用。

放眼将来，京津冀必将成为中国经济增长的第三极。借鉴中国经济增长第一极珠三角和第二极长三角的成功经验，经济的崛起首先是城市群的崛起，其中必定有一个或几个中心城市作为重要的辐射核心。尤其是在新的发展征途中，北京已经逐渐淡化了其经济中心的定位，作为面海而生、拥有1500多万人口的超大城市——天津，这一渤海明珠正充满了无限的想象空间和操作空间。

2.“一带一路”建设中的天津机遇

相比重庆、南京等历史文化名城，天津建城的历史并不算长。明建文二年，燕王朱棣在此渡过大运河南下争夺皇位并发动“靖难之役”，朱棣即位后于明永乐二年十一月二十一日（1404年12月23日）将此地改名为天津，意为天子经过的渡口。作为军事要地，在三岔河口西南的小直沽一带，筑城设卫，称天津卫。因此，天津也是中国古代唯一有确切建城时间记录的城市。

近代以来，天津一直是一座具有国际范儿的城市，它是列强横行、被迫开埠通商最早的城市。1860年《北京条约》签订后，天津被迫开埠，各国列强争先恐后把天津作为倾销商品、掠夺资源和输出资本的重要基地，并先后强划15平方公里的土地作为租界，天津成为独立于中国行政和法律之外的“国中之国”，面积之大、涉及国家之多、历时之长，在全国“首屈一指”，由此，天津也成为近代殖民政治、经济、文化的聚合地。那时的天津是仅次于上海的中国第二大工商业城市和北方最大的金融商贸中心。此外，国内很多的官僚、买办、富商、政客和清廷的遗老遗少也在天津买房置业，频繁往来，更有“北京是前台，天津是后台”的说法。末代皇帝溥仪从紫禁城被赶出来后，就曾到天津静园居住过一段时日。

正因为天津一度是“洋人”的地盘，天津五大道的洋楼建筑群后来才有“万国建筑博览会”之称。

如今，随着“一带一路”倡议的提出和深入推进，天津作为“一带一路”建设的海陆交汇点和新亚欧大陆桥经济走廊的重要节点，正以新时代的崭新面貌拥抱太平洋、连接全世界，又一次站在了新一轮改革开放的最前沿。

结合天津地理位置和天津港吞吐能力看，天津是“丝绸之路”海上和陆地有效连通的重要节点，是京津冀及“三北”地区的“海上门户”、雄安新区主要出海口，具有特殊重要的战略地位、联通功能。另一方面，天津港是共建“一带一路”的重要战略支点，通过其拓展“一带一路”外贸干线，升级南北大通道，大力发展水水中转，提升港口承载能级，有利于打造以国内大循环为主、国内国际双循环的新发展格局。尤其是在共建“一带一路”方面，天津作为国家中心城市，在海铁联运、津欧班列“一天一班”等方面，具有部分沿海城市不可比拟的优势，这也是天津港能在环渤海口岸群中大放异彩的重要原因。

为全面服务“一带一路”建设，天津港近年来坚持推进“陆海内外联动、东西双向共济”等创新手段，充分发挥海陆交汇点和服务全面对外开放的国际枢纽港作用，下大力推动内陆物流网络转型升级，在辐射13个省、市、自治区的内陆腹地，构建起了“三线十大区域”100余家直营（加盟）店的营销网络，开通了连通国内各地的海铁联运通道和满洲里、二连浩特、阿拉山口（霍尔果斯）3条中欧班列通道共计40余条，基本实现了对天津港主要腹地的全覆盖，进一步提升了天津港物流营销服务能力和水平。据统计，天津港2020年海铁联运吞吐量突破80万标准箱，同比增长超过40%，创下历史最好水平。目前天津港已开行数十条“一带一路”航线集装箱航线，有效覆盖东南亚地区。

从政策支持层面说，作为我国北方最大的沿海开放城市，天津不仅有得天独厚的港口优势，还有中国北方第一个自贸区、国家自主创新示范区、综合配套改革试验区等开放和创新发展平台。尤其是天津自贸试验区肩负着制度创新“试验田”的作用，担负着服务“一带一路”和京津冀协同发展的重要使命。

在不断的摸索和实践中，天津自贸区坚持以制度创新为核心，通过系统谋划，不断深化“放管服”改革，在行政审批、投资贸易、金融开放等领域先行先试，立足京津冀，积极服务“一带一路”建设，贡献了大量的“天津经验”“天津模式”。首先，天津作为进口汽车的全国最大口岸，充分发挥汽车进口、灵活贸易方式等方面优势，在平行进口、平抑进口车价格等方面发挥了较大作用。其次，天津东疆保税港区是中国融资租赁的平台，创造了融资租赁的中国模式，在融资租赁的大宗商品交易市场和其他的灵活贸易方式上创造出了独有的天津模式。此外，空港片区以航空航天产业、装配制造产业以及新一代信息技术和高端服务业为产业特色，在产业聚集上已粗具规模，形成了高端制造业的集聚。在扩大投资开放领域方面，天津自贸区围绕金融创新服务于实体经济下功夫、做文章，中心商务区以金融创新为主，以现代服务业为特色产业，理想目标是打造北方的陆家嘴。

据权威数据，自2015年4月份挂牌至2020年上半年，天津自贸试验区累计新登记市场主体6.9万户，注册资本2.33万亿元，是设立前历年登记市场主体数量的近3倍。目前，天津自贸试验区数十项首创制度被国家推广，其出口加工区、东疆保税港区、天津保税物流园区已转型升级为综合保税区。

与此同时，天津自贸区还加强与京冀之间的创新互动。推出“一个部门、一颗印章审批”、融资租赁收取外币租金、税务综合一窗等一批创新成果，在京冀推广实施。推动天津港与唐山港、沧州港合资合作，携手打造世界一流的绿色、智慧、枢纽港口，促进国家航运要素聚集。仅2019年，天津自贸区就承接北京非首都核心功能疏解项目超过600个，新增市场主体中京津冀企业超过50%；

2020年前5个月，自“一带一路”沿线国家进口总额达518亿元人民币。

就天津港和自贸区建设，有学者认为，目前，中国香港、新加坡、鹿特丹、迪拜都是比较典型的自由港。在离岸贸易和离岸金融带动下，贸易附加值和产业服务让这些自由港成为全球最活跃的经济体，同时也牵引周边经济发展。天津临港附近还有大量未开发的区域，与鹿特丹港类似，但其港口制造业十分发达，这是天津港和自贸区发展最大的优势，也是未来有待挖掘的潜力。

在打造全国先进制造研发基地方面，天津工业体系比较完备，制造业基础较为雄厚。首先是近代以来，中国的早期工业在此萌芽，使天津成为华北乃至中国工业发展的摇篮。新中国成立后，天津建立了门类齐全的工业体系，成为中国北方重要的工业基地。如今，天津已形成以港口为支撑的临港工业体系，逐步建立了以新一代信息技术、高端装备、医药制造等为主导的高质化、高新化、高级化产业结构，并具备向更高水平优化升级的潜在条件。

具体来看，天津的航空航天、火箭、新能源等先进制造业、重工业，在吸收外资尤其是日韩外商投资方面一直是强项。今后努力的重点是尽快形成优质要素集聚区，通过优良的公共服务环境和政务营商环境，吸引更多的资金、科技、人才、创新等资源要素集聚。

同时也要借力北京国家科技创新中心的资源和平台，打造与先进制造研发基地相适应的产业链与创新链，并充分发挥国家级高新区及国家自主创新示范区等载体的驱动作用，推进新兴技术突破与新兴产业培育。

回想起160多年前的晚清时期，随着天津被迫开埠成为通商口岸，浩浩荡荡的商船载着世界各地的洋人和倾销商品，从海上登陆来到中国。表面上，天津迅速成为中国北方最繁华的都市和对外贸易的窗口，但这充其量只能算是一种虚假的繁荣，不能算作真正的崛起。

新时代、新机遇，天津正处于机遇叠加、动力十足的最好年代，坐拥渤海、大运河、永定河、潮白河、海河水系构成的水运网络，加之地处北京东段咽喉门户要地，必将在新时代实现新的崛起和跨越。尤其是在对外开放平台建设上，要用足用活用好“一带一路”、京津冀协同发展、自贸试验区、国家自主创新示范区、综合配套改革试验区等政策红利，并结合天津实际集成放大。

在推动高质量发展方面，要聚焦“一基地三区”建设目标，系统研究国家重大发展战略的落地落实，实现有序衔接，避免眉毛胡子一把抓。在全面深化改革、扩大开放方面，要结合天津的优势与短板，着力打造具有国际竞争力的制度体系，善于首倡、首创，实现更宽领域、更高层次的开放，不断擦亮“津门”品牌，提高天津的国际知名度和对外开放水平。

3.津韵“哏都”的快乐生活

蹬自行车上下班，早餐一套煎饼果子，聊天就像说相声，日常生活也是稀松平常……这是电视剧《杨光的快乐生活》的一个个桥段，侧面折射了天津人“漫不经心”的生活态度和人在“哏都”的快乐。

作为一部生活剧，《杨光的快乐生活》于生活的琐碎中演活了津韵、秀足了津味，成为“津门”一张与“逗你玩”“狗不理”齐名的文化名片。该剧前前后后拍了十多部，并成功跳出语言壁垒火遍大江南北——用一句话概括：哏都生活就图个乐呵。

身为北方人，小时候就听说过“京油子、卫嘴子”的俗话。但直到后来到过天津才知道，天津不仅有煎饼果、大麻花，还有狗不理包子、耳朵眼炸糕、崩豆张……天津的美食说不完。要说这“卫嘴子”不仅会吃，他还会说。街头巷陌，到处能耳闻什么“嘛去”“他尼玛玛”“我尼玛玛”“你尼玛玛”“姐姐”等口头禅。相声贯口《报菜名》中有这样一段：“我请您吃蒸羊羔、蒸熊掌、蒸鹿尾、烧花鸭、烧雏鸡、烧子鹅、卤煮咸鸭、酱鸡腊肉、松花小肚……”妙语连珠，一气呵成，一道道传统津菜仿佛已“端”至听众面前。

天津人说话如同说相声，说者表情丰富、风趣幽默、语音动听，外地人忍俊不禁、频频点头、连连称是。要说中国相声界的名演员，哪个没在天津跑过码头？只有能把天津观众逗乐了，那才能称得上“角儿”呢。

天津籍著名作家冯骥才说：“天津这块地里边，有碱有盐还有硝，因生出各色性格的人，又热又辣又爽又嘎又不好惹。因之，自儿时耳朵里就装满一群群乡土怪客与民间英雄，叫我称奇叫绝，心里佩服。”

“嘛去？听相声去！”——曲艺可以说是天津最有代表性的文化符号，从马三立起到杨少华，再到郭德纲，哪一位不是大名鼎鼎，助推天津名声在外！茶余饭后，乐观幽默的天津人喜欢去剧场听相声、评书，即便是数九寒天，公园里依旧余音婉转，琴声悠扬。

有人说天津是现代的，这里有“天眼”“津眼”“天津之眼”“滨海之眼”，就连本地人都很难说清楚哪个是天津的标志性建筑。但由于“天津之眼”地处火车站周边，外地人一般都认为这是天津的标志性建筑。

“天津之眼”摩天轮坐落在永乐桥上，是世界上唯一一座跨河建设、桥轮合一的摩天轮，兼具观光和交通功用。摩天轮有100多米高，旋转一周大约需要半小时，最多可乘坐三四百人，座舱到达最高处时，游客凭栏远眺，方圆数十公里的景致蔚为壮观，海河风貌尽收眼底。更让游客惊喜的是，“天津之眼”坐落的地方就是当年明成祖朱棣率千军万马渡河之处，摩天轮“旋转”一周，上仰天子之渡灵气，下拥九河下梢风光，让人穿越古今、叹为观止。

也有人说天津是古朴的，“不游五大道，不算到天津。”游览五大道最好的方式是踏上马车、乘着晚风，依次感受具有文艺复兴式、古希腊、罗马、哥特式等不同风格流派的“万国建筑博览群”，追寻往日记忆，旧日的金戈铁马、纸醉金迷仿佛随着阵阵晚风吹进人心里。

遥想当年，天津成为通商口岸，迅速让其发展为人文和工业重镇。以洋务运动为标志，天津设立了天津机器局，包括东局和西局，分别坐落城东贾家沽和城南海光寺。天津机器局经李鸿章屡次扩建，生产火药、枪炮、子弹、水雷等，制造炮弹，制作机器，供给水陆两军，规模在北方首屈一指，天津近代工业也由此开端，可谓开中国社会现代化之先河。更难得的是，随着西方知识和科学思想的引入，一批高等学府相继在天津创立，北洋大学、北洋法政、北洋工艺、北洋警校、津沽大学、法国高等工商业学校的创建，开启了中国近代大学的先河。现在，天津不仅有南开大学、天津大学等高校，还拥有众多百年以上的大中小学校，人文底蕴深厚，仅天津的学校就培养出了新中国的两位总理。

近代以来，天津还是许多重大历史事件的策源地，留下了诸多历史遗迹和大量史料记载、轶事传说。作为近代中国历史的缩影，天津拥有众多近代百年洋楼，据说仅五大道地区便有2000多栋风格迥异、别具一格的小洋楼。衬托出天津卫交流开放、包容纳新的精神。

走进1863年开业的利顺德，映入眼帘的是古色古香的木质雕刻楼梯、手工缝制花纹地毯、因年代久远而“吱呀”作响的木质地板、1924年的美式奥的斯电梯、20世纪20年代的电话、墙壁上装帧的艺术佳品……利顺德称得上中国最早现代意义上的酒店，也是享誉世界的“天津小洋楼”经典代表。直到19世纪末，它都是天津所有外交活动的完美场地。这里有中国最早使用的电灯、电话、电梯，溥仪的留声机，宋庆龄弹奏过的钢琴，张学良也在这里与赵四小姐相识相知……尘封已久的往事和耐人寻味的故事，被完好地存留于这一空间。孙中山、张学良、袁世凯、周恩来、美国总统胡佛、英国国王爱德华八世都曾是这里的座上宾，百年风云际会，尽在其中。

“百年中国看天津。”回望百年，近代历史上产生过重要影响的人物几乎都到过天津，或与之产生过交集，这也让“哏都”天津多了一重交融之美——古今交融的美、中外交融的美、逗捧交融的美。事实上，天津人甚少离家闯荡，“嘛钱不钱的，乐呵乐呵得了。”

说到天津不得不提海河——作为天津人的“母亲河”，海河纳九川、穿津沽、泽惠津城，滋润着这座历史文化名城，彰显了“津门”的气度和灵魂。夏日夜晚，无论是从“天津之眼”出发，还是从天津站出发，都能欣赏到最美的海河风景线。也正是因为海河，才奠定了天津卫航运要冲的地位，才有了近代北方最大的工商业和港口贸易城市。曾经，经过海河运输而来的货物经利顺德码头卸下后转接给天津的银行、洋行，在天津和平区形成了现代商业的雏形。天津有两句老话“吃鱼吃虾天津为家”“借钱吃海鲜不算不持家”，这也恰恰说明，天津渤海腹地、海河下游的“地利”为市民带来鲜美的水产，而又因其处于陆路交通要冲，也引得各路商人、各地货物、各色食材纷至沓来。

600年的历史说长不长、说短不短。天津自明代起成为中国接近世界近代文明的重要舞台，尤其是19世纪下半叶至20世纪上半叶，天津在中国近代化进程中曾引领风气之先，东西方文明在这里碰撞与交融，形成了天津独特的韵味。在这里，茶馆里雅俗共赏的相声，大街上独具韵味的酒吧，本土文化、码头文化、西方文明并存，形成了独属天津的海派文化。天津人的性格里有着天生的乐观和自信，透着悠闲和雅致，整个城市充满着闲适的快乐和流动的美丽。

“津门极望气蒙蒙，泛地浮天海势东。”自古以来，天津就是一座生态宜居之城。迈入新时代，天津山河湖海湿地一应俱全，是北方最重要的生态屏障之一，被誉为京津冀的“生态绿肺”。特别是天津拥有大片的湿地，更能发挥其“华北之肾”涵养生态的重要作用。

经天纬地、凭津向海，面海而生、借港而兴，从津门古渡到扬帆四海，天津正以新时代渤海明珠的气魄，致力优化环境，全面激发创新活力，爱商重商亲商，全力推动天津港迈向“智慧港口”，全力种好中国（天津）自由贸易试验区“试验田”，全力打造制造业强市，最终以“一基地三区”建设为依托，加快形成高质量发展新格局。

新时代如浪花滚滚，一艘艘满载集装箱的货轮频繁进出天津港，世界各地的商品通过海关进入天津、来到中国，中国各地的货物又从天津港启航，驶向东北亚，驶向太平洋，驶向广袤的大海深处……

第六章

苏州：江苏经济“领头羊”正构建“融入上海”新局

“上有天堂，下有苏杭。”据说此名谚从唐朝就已经开始流传，至今仍为人津津乐道。南宋诗人范成大在《吴郡志》中说：“天上天堂，地下苏杭。”并曰：“苏湖熟，天下足。”由此可见，“湖固不逮苏，杭为会府，谚犹先苏后杭”，苏州在一千多年前便是一座繁华富庶、秀甲一方的城市。

苏州之所以被称为“天堂”，其中一个重要原因是其名胜古迹、风景园林众多而且秀美。古往今来，无数的文人墨客对苏州心生向往之意。近年来，更有“人间天堂、自在苏州”的说法，引得无数游客纷纷慕名而来。

从发展经济角度看，苏州不仅是江苏省经济的“领头羊”，也是江苏省的常州、无锡、南通“接轨”上海的重要经济走廊，更是苏锡常都市圈的核心城市和“老大哥”。据此，苏州还有“苏大强”的雅号，在2020年中国城市GDP排名中，苏州以20170.5亿元的好成绩位列第六，居于上海、北京、深圳、广州、重庆之后，是全国唯一迈入“两万亿俱乐部”的地级市。此外，这一成绩远超江苏省省会城市南京5300多亿元，

一直以来，苏州就是上海人休闲度假的“后花园”，苏州的园林、水乡以及太湖风光、江南古镇……无不让置身大都市的人们流连忘返。从苏沪一体化、同城化到“融入上海”发展，通过借力“大

上海”，苏州的发展一路青云、扶摇直上。从地理位置看，苏州地处我国华东地区、江苏省东南部、长三角（长江三角洲城市群）中部，同时苏州东临上海、南接嘉兴、西抱太湖、北依长江。如此优越的地理位置也为苏锡常抱团发展和苏州“融入上海”提供了先天优势。

1.苏锡常都市圈建设让“姑苏”成为佼佼者

苏锡常都市圈位于长江三角洲，是长三角城市群的重要组成部分，包括苏州、无锡、常州三市。国家规划的《长江三角洲城市群发展规划》指出，苏锡常都市圈要全面强化与上海的功能对接与互动，加快推进沪苏通、锡常泰跨江融合发展。建设苏州工业园国家开放创新综合试验区，发展先进制造业和现代服务业集聚区，推进开发区城市功能改造，加快生态空间修复和城镇空间重塑，提升区域发展品质和形象。

2014年年底，习近平总书记视察江苏时提出了“努力建设经济强、百姓富、环境美、社会文明程度高的新江苏”的殷切期望。后来，江苏省进一步总结提炼，明确了“强富美高”新江苏建设的总体思路。从抓落实的角度来看，由于苏锡常都市圈是江苏省乃至长三角发展的重要增长极，苏州又是江苏经济的“领头羊”，因此以苏州为核心城市加快推动苏锡常产业协同发展，对于实现“强富美高”新江苏建设、对于更高水平服务长三角区域一体化发展国家战略意义重大。

从多年的运营实践看，苏锡常都市圈之所以能够紧密合作，是因为成员间具备产业协同发展的良好基础和“借力”上海谋发展的“同理心”，最终由此形成了协同共振效应。

首先，这三地地理位置优越，融入大上海都市圈极为便利。苏锡常三市地理位置天然相连，地处长三角中心地带，紧邻上海，具备组团发展、融入大上海都市圈的地理优势。从文化发展方面来说，自古苏锡常与上海就属于吴语文化区，吴语文化相通也为苏锡常融入大上海都市圈提供了便利。

其次，这三地发展基础良好，经济实力雄厚。2020年，苏锡常三市GDP总量为40346.28亿元，长三角区三省一市GDP总量为246754.9万亿元。苏锡常三市GDP总量约占整个长三角地区GDP总量的16.35%，超过了上海（38700.58亿元）。从2020年苏锡常GDP总量来看，苏锡常地区是全国经济发展最有竞争力的地区之一。

再次，产业结构优势互补，能够产生共振效应。从苏锡常产业结构特征来看，一方面，在相同的产业集群下，各自有不同的细分领域，在各自的领域当中都做得比较专、精、细，使产业协同具备了一定差异性。另一方面，苏锡常间产业虽然彼此存在一定的竞争关系，但产业集群的效应普遍较强，能够形成共振和共鸣。尤为重要的是，苏锡常都高度重视基础设施建设与营商环境优化，具备经济发展所需要的各种条件，具有相对优越的投资环境。

有人说，苏州以开放而兴、因开放而盛。此言不虚，改革开放以来，苏州一直是中国对外开放的前沿阵地。从"张家港精神""昆山之路"再到"园区经验"，行走姑苏，一股蓬勃发展的朝气扑面而来。新时代，苏州正以"开放再出发"的壮志雄心，在重大项目招引、特色园区建设、经济高质量发展、产城融合等方面继续输出成功经验和好的做法，焕发出引领发展的时代光芒。

亚当·斯密曾说，合作会给合作各方带来财富、好处和发展，因而只有寻求合作，才能达到"双赢"。由此来看，苏锡常都市圈发展经过不断的积累，各城市已经初步形成了协同发展、优势互补的格局。今后，进一步深化合作可能会触及更深层面，尤其是核心利益层面，这其中可能会有正面竞争，也会有暗中较劲，但无疑都是好事情，重中之重是要稳妥处理好合作与竞争之间的关系。具体来说，重点是关注以下几点：

一是全力畅通苏锡常都市圈内部经济循环。苏锡常都市圈的高质量发展不单单是苏州的高速发展，还要加强内部经济的循环，打造“融合、交互、开放”的区域发展模式，充分集中三地在产业、人才、市场等方面的优势，持续扩大经济圈的消费空间，“手牵手”畅通“小循环”，提升苏锡常内部经济循环效率，努力打造国内大循环的重要节点、国内国际双循环的重要链接。

二是苏锡常携手发展智能制造业。当今时代，智能制造是先进制造业和新一代信息技术深度融合产生的新型制造方式，是经济发达地区推进高质量发展的需要。据相关资料显示，目前苏州已成为世界第一大工业城市，2020年上半年规模以上工业总产值1.55万亿元。不仅如此，《世界智能制造中心发展趋势报告（2019）》还显示，苏州已进入2019世界智能制造中心城市潜力榜前10名，智能工业体系初步形成，全市工业企业开展智能管理的超过86%，使用智能装备（产品）的超过43%，采用智能生产的超过42%，进行智能设计的超过27%。由此可见，苏州在智能制造方面表现突出，发展智能制造有良好的基础。无锡和常州完全可以借鉴苏州智能制造发展的优秀经验，携手打造新时代智能制造业新高地和高科技产业示范带。

三是共同发展先进制造业集群。苏州在先进制造业集群方面聚焦生物医药、汽车及零部件、软件和集成电路、智能装备、新型显示五个产业链，正在全力构建具有国际竞争力的现代产业体系。不仅是苏州，一直以来苏锡常三市都非常重视科技研发等方面的投入。据权威资料显示，2019年苏锡常三市研发投入占区域生产总值的2.9%，科技进步对GDP的贡献率是63%，已基本形成与现代产业体系相适应的创新要素配置、创新价值高效的区域开放型创新体系，并拥有若干竞争力强且具有国际先进水平的创新园区，初步具备了共同培育、形成一批世界级产业集群的基础。例如，苏州的高端纺织、生物医药、纳米新材料，无锡的物联网，常州的智能装备等产业集群已入选全国先进制造业集群培育对象。因此，苏锡常在围绕半导体、生物医药、新材料等新兴产业及先进制造业集群，协同推进重大科技攻关项目落地转化，实施跨区域、战略性、跨领域的重大产业发展项目和关键核心技术攻关方面有一定的优势。

四是共同发力数字经济产业。中国信通院研究报告指出，2019年，包括美国、德国、英国在内的47个国家，数字经济占GDP的比重达到了41.5%，与2018年相比较，提升了1.2个百分点。2019年，我国数字经济的总量排名世界第二，经济发展与运行规模达到5.2万亿美元，约占我国GDP的47.9%。由此可见，数字经济已经成为我国经济发展的重要动力，在国民经济发展中的地位越来越重要。

苏锡常都市圈经济实力雄厚，在吸引和集聚科技、人才、资金、创新等要素资源方面具有先发优势，尤其是在中国经济高质量发展的背景下，苏锡常都市圈应率先转型，携手发展数字经济，推动经济的可持续发展。近年来，苏州已认定张家港沙洲湖科创园等十家单位为“苏州市数字经济产业园”。苏州作为中国移动和中国联通两大运营商同时开展首批5G试点的城市之一，具有发展数字经济的广阔空间和稳定的基础。在此基础上，苏锡常三市应共同发力移动互联网、云计算、大数据、人工智能、物联网等数字经济核心产业，加快区域传统产业数字转型，以促进经济发展。

五是加强金融方面的合作。苏锡常自古就是近代民族工业的发祥地，都是以乡镇企业为特征的苏南模式创造者，也都是率先实现小康社会的先行者、示范区。相近的地缘、人缘，相同的文化让三地在发展理念、方式、思路以及最终发展成就等几个方面，都非常一致。如今苏锡常携手发挥1+1+1>3的优势，实现了城市间“群”的打造、产业上“链”的互补、生态上“同”的追求，让区域经济发展迈上了一个新台阶。未来，苏锡常进一步携手，将会发挥各个产业的潜在优势，“姑苏”也会是我国城市发展的佼佼者。相关研究表明，扩大区域金融开放能极大地促进地区经济的发展，减少区域金融开放的极化效应，更有利于区域产业的协同发展。因为经济的发展离不开金融业的支撑，苏锡常要想一体化发展，就需要有推动一体化发展的基金，建立区域多层次金融集聚中心，形成苏锡常常态化金融协调机制，提高金融支撑产业协同发展的能力。

2.长三角一体化引领苏州“融入上海”发展

长三角地区一直以来是我国改革开放、经济建设、社会发展、生态文明、创新创业等方面发展能力最强的区域之一，对全国经济社会发展发挥着重要的支撑和引领作用。因此，长三角地区是我国最具经济活力和创新能力的区域之一。在2016年发布的《长江三角洲城市群发展规划》和2018年发布的《长江三角洲一体化发展三年行动计划》中，进一步明确了打造长三角世界级城市群发展的任务书、时间表和路线图。

2019年12月，中共中央、国务院发布了《长江三角洲区域一体化发展规划纲要》，将长江三角洲区域（包括上海、江苏、浙江、安徽）一体化发展上升为了国家战略，强调发挥上海的核心作用，加强跨区域协调互动，提升都市圈一体化水平，实施长三角区域一体化发展战略。这也是习近平总书记亲自谋划、部署和推动的又一项重大战略举措，是党中央、国务院在建设社会主义现代化国家新征程中所作出的重大决策部署。

具体来说，长三角一体化发展是以上海为龙头，带动江苏、浙江、安徽一市三省在经济社会等各个方面互联互通、协同一体、率先发展，发挥出“三一相加大于四”的整合效应，并成为带动全国城市经济发展的龙头、连接世界经济的平台。但长三角一体化也意味着，区域内要实现发展规划整体统一、重大治理政策统一、生态保护统一、财税分享政策统一，同时实现在人才、资金、物资、流通等经济要素方面流动自由。最终通过一体化战略，把长三角地区建设成为我国综合实力最强区域之一，打造我国经济社会发展强劲增长极，并同国家在其他区域实施的战略相互配合、协同发展，完善我国改革开放的空间布局，成为我国经济发展从高速度转向高质量的主要引擎，在我国社会主义现代化国家建设的伟大征程中具有重要意义和发挥关键作用。

2020年8月20日，习近平总书记在安徽省合肥市主持召开扎实推进长三角区域一体化发展座谈会时强调，要坚持目标导向、问题导向相统一，紧扣一体化和高质量两个关键词抓好重点工作，推动长三角一体化发展不断取得成效。这为推动新时代长三角区域实现更高质量的一体化发展提供了根本遵循、指明了发展方向。

苏州位于长三角地区，紧邻上海，是大上海大都市圈100千米范围内的唯一特大城市。沪宁铁路横穿苏州，京杭运河贯穿苏州南北，上海对外3/4的国道和2/3的省道在苏州境内，沪宁高速公路、沿江高速公路无缝对接，上海虹桥机场近在咫尺，优越的综合交通体系是苏州经济强劲发展的动力。

客观来看，苏州的发展得益于上海的经济辐射和带动效益，通过开发区、工业园建设，并依托上海大力发展外向型经济，取得了举世瞩目的发展成就。苏州的GDP、公共预算财政收入等重要经济指标在长三角城市群中仅次于上海。

从区域经济一体化的理论出发，长三角各城市联动必须勇于打破行政区划限制，实现社会经济一体化协调发展。此外，各市还要由独立发展转化为协同发展、由同质发展转为错位发展。改革开放以来，紧邻上海的优越地理位置是苏州充分发挥协同效应的必要条件。但在新的形势下，苏州应立足自身资源禀赋和城市能级，全面融入长三角一体化的功能定位、政策举措，抓住一系列国家战略机遇，进一步提升核心竞争力，实现高质量发展。就此，也有智库专家指出，长三角在中国经济的整个内循环体系中占有重要位置，而长三角地区内部的循环就是推进大上海都市圈建设。苏州要融入上海，不光要融入长三角，更要加强沪苏同城化，这是长三角内部经济循环非常关键的一环。

目前，苏州积极落实国家建设“长三角一体化示范区”的部署，发挥战略重要支点和示范区引领作用，通过与上海的互补合作实现共赢，共同打造高质量发展的绿色生态一体化示范区。苏州从创新、金融、开放三条路径对接上海，提出建设上海全球科技创新中心的协同创新区，发挥上海证券交易所苏州服务基地作用，加强与虹桥国际开放枢纽联动。

2020年11月20日，长三角一体化苏州赴上海对接说明会成功举行，这也被视为苏州“融入上海”发展的新的起跑点。苏州方面领导曾公开表示，长期以来，苏州发展得益于紧邻上海的区位优势，得益于上海的辐射带动。上海与苏州地缘相邻、人缘相亲、文化相通，两地合作源远流长，特别是长三角一体化发展上升为国家战略以来，两地合作步入了快车道，合作的深度和广度持续拓展。苏州产业发展日新月异、开放格局焕然一新、文化传承包容创新、营商环境新机无限。当前正在推动交通互联，努力缩短沪苏协同发展的空间距离；推动产业互补，努力激发沪苏协同发展的经济红利；推动合作互动，努力增进沪苏协同发展的情感交融。

新时代，苏州正以“融入上海”发展为主线，全面推动沪苏同城化。仅在长三角一体化苏州赴上海对接说明会上，双方就签署了90个专项合作协议和项目合作协议，包括平台经济项目12个，科技合作项目9个，产业合作项目19个，基础设施项目5个，公共服务项目11个，文旅与金融项目11个，政府合作项目11个，示范区建设项目12个，涉及政务服务、科技创新、产业协作、基础设施、市场开放等领域，开启了两市协同发展的新篇章。

在沪苏交通同城化方面，沪苏通铁路一期工程已于2020年全线贯通，苏州轨交S1线、10号线将分别与上海轨交11号线、17号线实现对接。苏州北站扩建后，将牵手上海虹桥枢纽，共同承担长三角客运中心功能。除了交通互联，长期以来，沪苏在人才、技术和资本等方面交流互动十分紧密。

如今，沪苏市民间的往来更加密切，两地公共服务对接实现新突破，两城变“同城”，往来如“串门”。“长三角旅游友城卡”功能不断完善，上海游客乘上“旅游直通车”就能到苏州休闲度假。组建“长三角高中名校发展联盟”，积极推动长三角地区集团化办学。与上海间的异地就医门诊费用，实现直接刷卡结算。全面开通长三角“一网通办”综合服务，已开办30项企业服务事项和23项个人服务事项。在长三角率先落实公积金互认互查，与上海探索开展公积金异地冲还贷试点。

在创新提升城市品质方面，苏州还与上海相关企业签订了战略合作协议，共同实施“城市品牌新传播”“主播&网红新消费”“智慧文旅新产业”“公共文化新服务”“新概念出版”五个新计划，不断提升苏州城市文化软实力。未来，“让世界听见苏州”“让世界看见苏州”“让世界遇见苏州”将成为现实，进而更全面地展现新时代苏州风采。

对于苏州而言，在长三角一体化引领下高质量“融入上海”发展，要在把握全局的基础上，充分发挥地方的优势，因地制宜地做好总体发展规划。苏州可以立足于长三角区域副中心的角色定位，加强与其他城市的互联互通，构建多层次、多领域的区域合作机制，打造成长三角地区间合作交流的“根据地”。此外，苏州作为全国制造业强市，应该充分发挥自己的工业优势，借助与上海毗邻的地理位置优势，不断推动自主创新，致力打造对外开放新高地，进而建成具有强大竞争力的先进制造业研发生产基地。

同时，苏州还要充分发挥临海优势，科学统筹沿江港口的发展，增强货物进出能力，降低物流成本，放大沿江区位优势，提高苏州加快新型工业化、经济国际化的竞争能力。在推进苏州港口一体化建设方面，应加强沿江港口的资源整合的同时，把苏州港放在长三角港口群中来定位、分工，围绕建设上海国际航运中心，加快结构调整，实现分工协作、优势互补，由“竞争”走向“合作竞争”。

从长远来看，苏州城市的发展必然离不开与其他城市的合作，而鉴于紧邻上海的地理位置，再加之上海的资源优势和发展经验，苏州与上海的合作将会取得更多的双赢成果。

3.人间天堂，自在苏州

“人间天堂，自在苏州。”苏州是全国首批国家历史文化名城之一，全球首个“世界遗产典范城市”，是吴文化的重要发祥地，自古就富甲一方，素有“人间天堂”的美誉。苏州具有灿烂的历史文化，拥有2500年的建城史，是集古朴、典雅、秀美、灵气于一身的江南水乡。

苏州，简称“苏”，古称姑苏、平江，是江苏省地级市，国务院批复确定的中国长江三角洲重要的中心城市之一、国家高新技术产业基地和风景旅游城市。

人常说“江南园林甲天下，苏州园林甲江南”。苏州园林，属于世界文化遗产，是中华园林文化的翘楚和骄傲，是中国园林的最杰出代表。要说苏州园林，它精致典雅，浓缩展示了江南地域文化特色，最具有代表性的是拙政园、狮子林、网师园、环秀山庄等，1997年这些园林被列入世界文化遗产名录。沧浪亭、狮子林、耦园、艺圃和退思园作为苏州古典园林的扩展项目，2000年也被列为世界文化遗产。

到过苏州的人恐怕都知道这样的介绍，苏州园林始于春秋时期吴国建都姑苏时，形成于五代，成熟于宋代，兴旺鼎盛于明清。2016年，我第一次到拙政园参观，便被这曲径通幽的园林艺术深深吸引。古代的园林建造者们通过栽植花木，叠山理水，配置园林建筑，并用大量的匾额、楹联、书画、雕刻、碑石、家具陈设和各式摆件等来反映古代哲理观念、文化意识和审美情趣，从而形成充满诗情画意的文人写意山水园林，真是达到了“虽由人作，宛若天开”的艺术境地。

“上有天堂，下有苏杭”，苏州籍作家、摄影家徐仲民说：“只有好好品味苏州，并在享受中不断自我求新，才能真正地融入苏州生活，享受天堂般的人间岁月。”

傍晚时分，来到有中国第一水乡之称的周庄，这里完整地保存了原有的水乡古镇的风貌和格局，“小桥流水人家”的景致更让人心生快意、惬意自在。据导游介绍，周庄镇全镇60%以上的民居仍为明清建筑，仅有0.4平方公里的古镇有近百座古典宅院和60多个砖雕门楼，还保存了14座各具特色的古桥。周庄现存的主要景观有贞丰泽园牌坊、汉白玉照壁、沈万三故居、富安桥、双桥、张厅、沈厅、怪楼、三毛茶楼等。

“雨惊诗梦留蕉叶，风裁书声出藕花。”徜徉于苏州，可得到心灵的陶冶和美的享受，难怪苏州有上海人“后花园”的无穷魅力。

还有，苏州话历来被称为“吴侬软语”，其最大的特点就是“软”，尤其女孩子说来更为动听，周边的无锡话、嘉兴话、绍兴话、宁波话等都不如苏州话来得温软。一种方言好听与否主要取决于语调、语速、节奏、发音以及词汇等方面，“吴侬软语”便汇聚了这其中多种优势。

据专家考证，吴语与湘语（指老湘语）是汉语七大方言集合中形成最早的方言，但吴语至今保留了相当多的古音。吴语的一大特点在于保留了全部的浊音声母，具有七种到八种声调，保留了入声。在听觉上，一种方言如果语速过快，抑扬顿挫过强，我们往往称这种话“太僵硬”；但如果语速过慢，缺乏明显的抑扬顿挫，我们往往称这种话“太松垮”。苏州话语调平和而不失抑扬，语速适中而不失顿挫，这种发音方式有些低吟浅唱的感觉。

“姑苏城外寒山寺，夜半钟声到客船。”苏州的美，美在那昆曲古韵、苏州评弹、水乡渔歌的天籁之声；苏州的美，沉浸在古镇小街、太湖烟云、流水人家、田园风光之中；苏州的美，是一种蜻蜓点水、蝴蝶翩跹、云卷云舒、怡然自得的美。不知今夕何夕，物我两忘，心驰神往，悠然间只觉“水乡秀美，自在无比”。

到苏州看一看她的秀丽恬静之美，是一件非常有意义的事情。特别是2018年苏州成为“百园之城”之后，苏州园林尽显江南韵味，让越来越多的游客纷至沓来、流连忘返。苏州“最江南”，众多园林无疑是其绝佳的代表。2020年，苏州全市旅游总收入达到了2607亿元，旅游业主要指标保持全国城市排名前列；实现社会消费品零售总额7702亿元，全国城市排名第七。

平日里，看似苏州人每天吃喝玩乐，容易给人“傻白甜”的印象，但每次公布经济成绩的时候，“苏大强”同学却总是遥遥领先。由此可见，历史悠久的姑苏全然没有遗老遗少的保守积习，而是靠着创新和拼搏的硬实力不断证明，苏州的千年富庶不是历史的偶然。有道是：“看似安坐在一片旧时光中的苏州，视线却永远望着浪潮来临的方向。”

作为江苏省经济的领跑者，苏州经常被拿来与省会南京作对比。虽然近年来两者的差距逐渐缩小，但差距依旧不小，一来一去差不多就是一个海南岛的水平。

改革开放以来，苏州崛起的“秘籍”主要有：一是1984年后乡镇经济的异军突起，二是1992年后外向型经济的迅猛发展。由此，“苏大强”诞生，并长期占据江苏经济的“领头羊”的位置。

如果要详细探究，苏州的经济并不仅仅靠旅游、靠园林，苏州的富庶也不在于市区，而是靠下属的昆山、常熟、张家港、太仓这四张“王牌”。

如果再进一步总结，苏州的发展得益于思想开明、行动果敢，并且能够紧跟时代、追赶潮流。苏州工业园、高新产业开发区……都是在全国叫得响的品牌，更是发展的硬实力、创新的大舞台。

苏州作为上海人的“后花园”，一直与上海密切相联。目前，长三角一体化上升为国家战略，近水楼台先得月。从近代历史到现实看，苏州主动定位融入上海，是聪明之举，先手之棋。

近日，《国家综合立体交通网规划纲要》明确提出，长三角建设国际性综合交通集群、上海建设国际性交通枢纽城市、苏州建设国际铁路枢纽。苏州高铁北站是距离虹桥枢纽最近的地级市高铁站，可以与虹桥枢纽联动组合、功能互补、疏解客流，共同打造带动长三角、服务全国、面向国际的组合式枢纽。

“融入上海”发展，是新时代苏州立足全局、放大格局的明智之举，同时苏州也应该有效发挥桥梁纽带作用和扩散效应，强力带动无锡、常州、南通等加速发展，合力提升经济高质量发展的底气和参与竞争的活力，助推长三角城市群早日崛起为世界级城市群。

第七章

太原:龙城晋阳转型跨越“晋”风流

作为土生土长的山西人，对省城太原实在是再熟悉不过了。然而，“5000年文明看山西”，远古时代的唐尧和大禹曾经建都于晋阳，素有“三晋即华夏”的说法。历史上，太原曾有过晋阳、北都、北京、龙城等美誉，是一座具有4700多年历史、2500多年建城史的城市。如此说来，全方位、深层次地了解太原又是一件艰难的事。

从山西地形看，太行山、吕梁山分立东西，中条山横亘于南，外围则是万里黄河，沿着山西奔流南下与东去，形成了一道天然的“护城河”，这种以山河天险为屏障的地形让山西坐拥“表里山河”。在这大好的山河之中，太原就扼守在太原盆地的北端，山河围城、土地肥沃、自给自足、据守一方，堪称“表里山河”的中心。有道是“控带山河，踞天下之肩背”“襟四塞之要冲，控五原之都邑”，黄河的第二大支流、太原的母亲河汾河气拔山河、冲出群山，在太原盆地中冲积出肥沃的河谷平原，“原之大者”即为“太原”。

伴随着改革开放，我国的工业化、城镇化飞速发展，全国各地对能源的需求猛增。在这种背景下，太原甚至山西全省依托丰富的煤炭资源，开启了在全国范围内的“单兵突进”。一度时期，“煤炭依赖”因子不断渗入山西的经济肌体，“资源诅咒”演化为悬挂在头顶的“达摩克利斯之剑”。回过头来看，山西经济遭遇过的断崖式下滑就颇有几分“成也煤炭、败也煤炭”的味道。个中滋味，只有自己方能体会。

新时代，山西的机遇在于转型，出路在于转型，崛起在于转型。也唯有转型，才能以新发展理念构建起高质量发展格局，实现跨越式发展的目标。换言之，转型是新时代山西发展的依托和手段，崛起是转型追求的目标与归宿。

本章主要从大太原都市圈（区）建设、太原转型发展、锦绣太原城三个角度切入，探讨太原以壮士断腕的勇气面向新时代而歌，谋转型、求跨越，进而实现展“晋”风流、显“晋”风采的宏伟蓝图。

1.“三步走”塑造“大太原”格局骨架

城市崛起看经济，经济振兴看中心；中心城市引擎强，带动成圈属当然。自人类进入工业化社会以来，无数经济圈、城市圈、都市圈的发展和壮大，似乎都证明了这样的一条铁律。

2020年，尽管太原经济总体呈现出明显的“V型反转”态势，但作为省会城市，其GDP总量仅为4153.25亿元，不及周边省会城市，西安作为陕西省省会，2020年GDP已经破万亿，河北省会石家庄2020年的GDP为5935.1亿元。诚然，西安和石家庄都是人口过千万的城市，而太原人口还不足500万，理论上没有多大的可比性。但倘若再与沿海发达地区相比，太原2020年GDP总量比深圳市龙岗区的4744.49亿元还差近600亿元。客观地说，太原的经济总量显然有待提升。

从推进经济一体化发展的角度看，早在2005年，山西省就提出了建设“大太原都市圈”的目标，并明确了太原市与晋中市榆次区“同城化”发展的方向，然后再通过太原和榆次向外辐射介休、孝义、汾阳、阳泉、忻州、原平等地市。但多年实践证明，“大太原都市圈”圈内各城市间的合作愿望和紧密度，显然还没达到能够凝成紧密经济圈的标准。尤其是经济圈核心城市的经济发展状况，还不足以稳定支撑起“圈”的闭环和稳固性。

唯有脚踏实地，方能步步为营。以2017年11月山西省人民政府批复《太原都市区规划（2016—2035年）》为标志，太原都市区这一提法和筹划，可谓加入了更多的新时代元素，也更符合山西省和太原市的发展实际。或者说，要想建成大太原都市圈，实现太原的振兴和崛起是第一步，也是最为关键的一步。

根据山西省人民政府的批复，太原、晋中和山西转型综改示范区是《太原都市区规划（2016—2035年）》实施的责任主体，在规划实施过程中，重点是发挥太原都市区对全省创新驱动、转型升级的核心引领作用，加快推进山西转型综改示范区和山西农谷建设，提升省会城市太原在全国的地位。

依据上述规划和山西省“一核一圈三群”城镇化战略安排，太原都市区将致力打造“双城多组团”的城市空间结构。目前规划范围涵盖太原市六城区、清徐县和阳曲县，晋中市榆次区、太谷县行政管辖范围，面积6503平方公里，其中，“双城”指两个中心城区，包括太原主城区以及太原—晋中共建区。“多组团”指阳曲、泥屯、清徐、徐沟、西谷、修文6个产城融合的城镇组团。

在规划实施过程中，太原主城区的定位是区域性的金融、商业、文化、科教中心，全省产业转型和城市品质提升示范区。太原－晋中共建区（晋源—小店—榆次）定位为区域性现代服务中心、新兴产业集聚区、国际性低碳技术及煤基产业自主创新示范区和宜居城市建设主体区。在支持“多组团”发展上，6个产城融合的城镇组团将依托山西转型综改示范区，重点建设现代产业园区和新兴产业园区，集聚创新资源、现代产业，引领创新驱动、产业转型，着力打造山西创新转型新引擎。

在产业空间布局方面，太原都市区把推进供给侧结构性改革与优化都市区产业布局相结合，把培育产业集群与完善都市区城镇功能、优化组团空间相结合，把推进两化融合、产业融合、军民融合与构建生产性服务中心相结合。其中，太原都市区将遵循“一主一副一区多组团”空间格局，以山西转型综改示范区为核心平台，以企业为主体，以园区为载体，以基地、集群为主要形态，以技术改造、技术进步、技术创新为突破口，深入实施“中国制造2025”，率先开展国家智能制造试点示范，加快传统产业绿色化改造，建成国家新型能源基地、煤基科技创新成果转化基地和全国重要的现代制造业基地。

在交通一体化方面，将立足“双城多组团”空间格局和架构，全方位构建由航空、都市区高速公路网（两环、七射、七连）、城市快速路网、高速铁路和城市轨道交通网组成的一体化现代交通体系。此外，太原都市区将依托山西平遥、五台山、大同等文化旅游基地的国际影响力，发挥都市区交通区位、历史文化、气候条件和中心城市综合优势，加快培育国际会议、会展、赛事和文化交流等承载服务能力，将太原都市区建成国际旅游集散中心、国际会议会展城市和知名休闲避暑胜地，建成具有国际影响力的文化旅游都市。

在2021年山西两会上，山西省再次强调，将创新机制推进太原都市区一体化发展。按照“一主三副六市域中心”（一主即太原都市区，打造成为山西省参与国际国内竞争、带动全省社会经济和城镇化发展的核心地区。三副即大同、长治和临汾三个省域副中心，六市域中心即运城、晋城、阳泉、朔州、忻州、吕梁六个市域中心）布局，突出抓好太原都市区建设，强化省会城市引领辐射作用，深化国家可持续发展议程创新示范区建设，打造国家区域中心城市。

应当肯定的是，经过持续数年的努力，太原都市区建设取得了良好效果。在构建路网体系方面，太原首条轨道交通2号线已经正式投运，轨道1号线不日将建成投运，形成太原市轨道交通网“力”字型骨架；机场与火车站和地铁间接驳的客运网正在形成；立交桥、快速路、高速路越建越长，有效提升了道路品质和通行条件，缓解了过去的拥堵等城市病。在太原榆次同城化方面，重点是围绕太榆一体化发展，拓展太原向东发展空间，同时“双城”也在金融、电信、社保、人才流动、医疗认证、基础教育等领域的同城化方面，迈出了可喜步伐。在创新发展方面，重点是按照国家新区标准，大力破除行政壁垒，深化转型综改示范区体制机制改革。此外，还大力创新省域副中心城市发展体制机制，支持市域中心城市特色发展，积极稳妥推进行政区划优化调整。

按照规划，到2035年，太原都市区将发展成为国家能源服务及创新中心、全国重要先进制造业基地和文化旅游基地、国家资源型经济转型综改试验示范区、太原都市圈（城市群）新型城镇化的核心主体和引领中心。届时，太原都市区将成为引领山西振兴崛起的强力引擎。

从全省一盘棋和经济一体化的角度分析，太原都市区的建设必将有效提升太原省会城市的功能和首位度。同时在迈好“第一步”的基础上，“大太原都市圈”建设必然是水到渠成，自然而然迈出第二步、第三步……

从新时代促进中部崛起的更广视域看，山西正由过去的“不东不西”走向“中部崛起”的前台，这既是山西发展面临的重大的战略机遇，更是太原乘势而上提升城市能级和首位度的良机。《促进中部地区崛起规划（2016—2025年）》明确提出，中部地区具有重要战略地位。中部地区包括山西、安徽、江西、河南、湖北、湖南六省……中部地区承东启西、连南接北，交通网络发达、生产要素密集、人力和科教资源丰富、产业门类齐全、基础条件优越、发展潜力巨大，在全国区域发展格局中具有重要战略地位。其中，山西位列中部地区第一位。

但从中部地区“培育城市群增长极”的角度看，在中部地区的六大城市群（圈）中，武汉城市圈、中原城市群、长株潭城市群发展基础相对牢固，协同机制也比较完善。而皖江城市带、环鄱阳湖城市群以及太原城市圈的建设，还有较大的努力空间和提升空间。以太原城市群为例，太原还面临着城市空间有效扩张和城市能级提升等艰巨任务。未来努力的方向是以新发展理念为指引，加快打造高新科技、创新人才、清洁能源、金融创新的高地，只有这样才能“领跑山西”，最终带动太原城市圈（群）的形成，为山西率先在中部崛起贡献更大力量。

过去多年，山西坊间一直流传：山西，山西，不东不西。言外之意是，山西在国家战略中既没被划进西部，也靠不上东部。东部崛起的时候，山西算西部；等西部大开发的时候，山西算东部。这种地缘尴尬，也曾一度让山西伤透脑筋。

放眼新时代，太原地处“一带一路”和京津冀协同发展两大国家战略交会处，既有中部崛起、综改“示范田”等国家重大发展战略的加持，更有融入环渤海经济圈，深度对接津京冀发展的无限可能。为此，要力戒封闭和保守的观念，以更大力度的开放和融入，全面深化国际间、省际间多方位合作，早日实现太原振兴、山西崛起的发展目标。如此，必能引领太原城市圈（群）大放异彩，在更高层面上完成“三步走”战略。

机不可失，失不再来——新时代，加强省内城市间的连接，强化与国内、国外城市间的链接，“大太原”格局必将形成，太原的前程也将无比光明。

2.以“颜色”“成色”“气色”变革引领转型崛起

作为中国煤炭的“故乡”，从新中国成立到2019年的70年间，山西累计生产煤炭190多亿吨，有力支持了共和国的建设事业，若是折算成发电量，相当于点亮了新中国一半以上的灯火。但另一方面，山西的煤矿长期粗放式开采，加之小煤矿遍地，不仅破坏了生态，更严重污染了环境。以太原为例，太原的西山古有“水上西山如挂屏，郁郁苍苍三十里”的美誉。但是20世纪90年代起，几千个小煤窑的私挖乱采，让整个西山伤痕累累、黑灰漫天。据专家测算，每采一吨煤会破坏2.48吨地下水，过度开采也加剧了山西地下水位的下降。

不改不行，不转更不行。几十年来，虽然山西全省上下都有这样的意识，但由于过去赶上了煤炭市场行情紧俏，抱着煤炭这棵“摇钱树”，哪个愿意轻易去冒险突进？

其实，早在2010年12月时，山西就已经被国家定位为国家级综合配套改革试验区，旨在通过深化改革，加快产业结构的优化升级和经济结构的战略性调整，加快科技进步和创新的步伐，实现建设资源节约型和环境友好型社会，统筹城乡发展，保障和改善民生的综合配套改革试验区。山西也因此成为我国第一个全省域、全方位、系统性的国家级综合配套改革试验区，可惜的是，山西没能抓住这次转型发展的机遇。

新时代，在新的发展环境下，经济运行转而依靠清洁能源，山西煤炭行业整体上不断萎缩。面对行业寒冬，山西“一煤独大”的经济格局一度使山西经济增速持续下滑，甚至出现了GDP增速全国垫底的窘况。

山西的出路何在？还要不要搞煤？这不仅是时代之问，更是山西转型崛起必须厘清的问题。痛定思痛，山西迫切需要转型，山西的希望就在于转型。

2017年2月25日，山西转型综合改革示范区管理委员正式挂牌，作为山西转型崛起的重要依托和平台，山西转型综改示范区由太原都市区内的太原高新技术产业开发区、太原经济技术开发区、太原武宿综合保税区、晋中经济技术开发区4个国家级开发区，太原工业园区、山西榆次工业园区、山西科技创新城3个省级开发区以及山西大学城产业园区，共8个产学研园区整合而成，并向南、向北建立扩展区，总规划面积约600平方公里。在产业规划上，重点是打造先进制造、新能源、新材料、电子信息、健康医疗、文化创意6大专业化产业园区。

2017年6月，习近平总书记视察山西时，对山西工作提出总体要求和五项重大任务，点题山西要“实现资源型地区经济转型发展，形成产业多元支撑的结构格局”。同年9月，国务院印发《关于支持山西省进一步深化改革促进资源型经济转型发展的意见》，将山西的转型发展上升为国家战略。

可以说，2017年是新时代山西转型崛起的“元年”，一场席卷三晋大地的经济转型战由此全面拉开——山西发展不是不依赖煤，而是要把煤炭变成清洁能源、清洁行业，同时要通过煤化工等高新技术对煤炭进行深加工，不断提升煤炭附加值，健全能源产业链。

可喜的是，近年来，山西转型综改示范区通过先行先试，不断加大改革创新力度，创造了一大批可复制、可推广的经验，擦亮了转型综改这块金字招牌，也为引领全省经济转型树立了标杆，作出了示范。首先，示范区把太原都市区内的太原、晋中两市八个主要开发区整合成转型综合改革示范区，实行“三统一、三不变”。“三统一”即统一领导、统一规划、统一政策，“三不变”即太原、晋中两市的人、财、物管辖权不变。晋中市域内各园区受晋中市和示范区双重领导，以晋中市领导为主，形成一个主战场、两个集团军协同作战的格局。其次，示范区还不断加大改革创新力度，着力理顺示范区管理体制、运行机制和各类利益关系，强化示范区经济属性，剥离社会管理职能，探索职员制改革，通过体制创新，有效激发了示范区发展活力。再次，示范区围绕“扩区”发力，在整合八个园区现状规划区域的基础上，进一步向南北两翼扩展，打开示范区发展空间，并在规划协同、公共服务等方面取得了比较务实的效果。

2019年5月，党中央正式出台《关于在山西开展能源革命综合改革试点的意见》，这也是继2017年国务院出台《关于支持山西省进一步深化改革促进资源型经济转型发展的意见》后，党和国家再一次对山西改革发展进行顶层设计，提供政策支持，为山西实现从“煤老大”到“排头兵”的历史性跨越，带动山西高质量转型发展提供了更强动力。

从近年来的探索和实践看，太原市围绕转型求振兴、谋崛起，相继打造了转型综改示范区和中北高新开发区两大产业转型、创新转型区，新建立的文旅转型区——太原西山生态文化旅游示范区，是继综改区之后，太原最大省级示范区。至此，以太原“新三区”为新引擎、新动力，太原实现了“颜色”“成色”“气色”的提升，经济社会转型成效显著。

一是看“颜色”，太原城市面貌经历了由黑变绿的嬗变。以前，太原西山上遍是采矿留下的废墟，几乎连绵不断的都是废矿。煤矿、石膏矿、采石场，成为太原市最大的污染源，以致“爬西山没人敢穿白衬衣”。经过近年来的治理，太原西山至少已经完成生态修复8万多亩，建成17家城郊森林公园，总面积达到20多万亩，重现“郁郁苍苍三十里”美景，让游客有了“人在画中游”的幸福感。同时，太原西山生态文化旅游示范区依托有利的生态和旅游资源，以幸福产业、生态产业、科技服务为主要发展方向，初步打造了“三区三核一环”的空间结构。未来，还将致力于打造全国生态修复与建设的样板区，形成中华文明标识的传承创新区，建设文旅引领的新经济高质量发展区、以人为本的城乡高品质生活区，争取成为新时代践行“两山”理论的山西样板。西山已经由黑变绿，这是太原转型崛起的前奏，也是山西全省深化转型的缩影。

二是论“气色”，太原经济顺利实现了由负转正的蝶变。山西GDP增速曾经一度持续下滑甚至全国垫底，以太原为例，从十几年经济增长数据看，太原在2009、2010、2013这三年经济增速远低于全国平均水平。一方面本来自己经济总量就不大，低增速无疑是雪上加霜。另一方面别人基数原本就大，再加上人家的高增长，差距自然越拉越大，最终，只能眼睁睁地看着自己被别人越甩越远。但反过来说，转型崛起的前提是“不要带血的GDP”“不要黑色的GDP”……山西以壮士断腕的勇气开启了新时代的转型之路。2015年，太原GDP实现2735.34亿元，比上年增长8.9%，增速比上年加快5.6个百分点，高于全国6.9%和全省3.1%的增速。2020年，太原

GDP总量跃升至4153.25亿元，较2011年2080亿近乎翻番。

三是讲“成色”，太原发展动能实现了由旧到新的切换。在山西转型综合改革示范区的改革创新展厅，从厚度仅0.5毫米高纯半绝缘4H-SIC单晶衬底，到用生物基聚酰胺56材料制作的阻燃作训服，从拥有全球领先技术的中科潞安深紫外LED杀菌产品，到填补国际空白的人源Ⅲ型胶原蛋白系列产品……综合展示了山西在信息技术应用创新产业、半导体产业、生物基材料等方面的新产品、新技术、新成果，占据国际、国内行业高点。在这背后，示范区面向新时代科技前沿，正大力培育“2+9”战略性新兴产业集群：打造合成生物与电子信息两个标志性、引领性产业集群；加快培育高端装备制造、新能源汽车、新材料、生物医药、航空航天、现代物流、绿色建材、新能源与节能环保、农产品精深加工9个特色优势产业集群。几年下来，园区内的智创城1号已经成为太原的城市新地标，更是综改示范区最代表创新与活力的“杰作”。每天，数以千计的创新人才走进这座双创中心，其中一半以上都是95后。由此，新基建、新技术、新材料、新装备、新产品、新业态等发展新动能，不断在这里聚集，不断从概念变成现实。此外，太原市协调推进体制机制改革、科学规划布局、改善营商环境、培育现代产业体系等系统性工程，带动太原乃至全省经济发展动能实现由旧到新的切换，让龙城晋阳生机勃发、动力澎湃，进而成为山西转型综改的主战场、引领山西“凤凰涅槃”的新引擎。

新时代，太原转型发展的抓手或衡量的关键是看“颜色”、论“气色”、讲“成色”，这不仅仅是形势所迫、转型所需，更应当是一种不变的底气、持续的坚持、发展的自信。

3.再现锦绣太原城

太原古称晋阳，别称并州、龙城、北京、北都等。从地势上看，太原三面环山，濒临汾河，自古就有“锦绣太原城”的美誉。远古时期的唐尧和大禹曾经建都于晋阳，唐朝时期，北都太原更是与上都长安、东都洛阳、西都凤翔、南都成都并称为五都，至今，太原有着4700多年的历史、2500多年的建城史。

古代的晋阳地势险要，易守难攻，历来是兵家必争之地。山西的母亲河汾河在巍峨的群山中奔腾而下，宛若一条腾飞的巨龙缠绕着“龙城”。据考证，太原建城于公元前497年，春秋末期显赫于世的晋阳古城就屹立在晋水之阳，因晋阳古城颇似一只展翅翱翔的凤凰，所以晋阳古城也被称为“凤凰城”。

历史上，太原曾经历数次易名。565年北齐武成帝高湛因为晋阳城位于龙山之东改晋阳为龙山县，隋开皇十年（590年）隋文帝杨坚复改龙山县为“晋阳”，简称“并州”。617年李渊父子从“晋阳”起兵建立李唐王朝，晋阳古城一度成为“北京”。有学者认为，中国历代王朝的统治者总是在乱世中发现太原的价值。风雨飘摇数千年，随着王朝的不断更迭，农耕与游牧在这里不断交锋交融，太原迎来了一次次的崛起，更经历了一次次的衰落，因此，古都晋阳也成了枭雄辈出的“龙城”。

在中国古代，太原是赵国、前秦、北汉三个政权的都城，是东魏、北齐、唐朝、后唐、后晋、后汉六个政权的陪都。魏晋南北朝时期，封于太原郡的晋王司马家族取代曹魏政权，建立了自己的朝代，并以“晋”作为国号。开创“文景之治”的汉文帝刘恒，做皇帝前曾在晋阳做代王十七年，隋炀帝杨广继位前就是“晋王”。隋末李渊被封为“唐国公”和太原留守使，也称河东抚慰使，起兵“晋祠”后建立李唐王朝，并以晋阳的古称“唐”作为国号。晋阳无疑是唐朝的龙兴之地，唐太宗李世民曾盛赞太原“王业所基，国之根本”，唐高宗李治继位前也曾为“晋王”。而同样来自晋阳之文水的武则天则成为中国历史上唯一一位女皇，晋阳古城自武周起一直称为“北都”，宋代赵光义继位之前也曾做过“晋王”。

“思归若汾水，无日不悠悠。”历史的长河宛若绵延不绝的汾河水，在封建王朝统治时期，龙城晋阳曾不止一次地崛起，更不止一次地走到王朝的前台。

太原的第一次崛起大约出现在春秋末年。当时，五霸之一的晋国王权旁落，赵、韩、魏、智等公卿把持朝政，相互倾轧，兼并大战一触即发。赵氏首领赵简子未雨绸缪，决心建立自己的根据地。赵简子发现了太原的价值，其所建城池西依大山，东部与南部又分别以汾河、晋水为屏障，表里山河天险环绕之外又多加了一层保险，更加利于防守，这便是晋阳建城之始。由于此城位于晋水之北，故得名晋阳。再后来，韩赵魏三家瓜分晋国，史称“三家分晋”，战国七雄中的韩、赵、魏诞生，中国历史由春秋争霸走向战国时代。如果没有坚固的晋阳城，历史将可能完全改写。

太原的第二次崛起大约出现在南北朝时期。当时，鲜卑化的汉人高欢从兵户一步步成为北魏的大丞相，高欢及其继任者因为地利而选择晋阳作为大本营，建立北齐。他们在晋阳修建壮丽的宫殿，凿刻高达46米（相当于15层楼高）的蒙山大佛。在祭祀晋国先祖的原有建筑上，他们扩建增修包括读书台、难老泉亭、善利泉亭等，形成规模更加宏大的建筑群，这便是著名的晋祠。然而，晋阳终未能帮助高欢完成更大的统一霸业，历史被再次改写。

太原的第三次崛起大约出现在隋朝末年。当时，隋炀帝南下江都，长安空虚，太原留守李渊率领精兵乘虚入关，太原盆地与关中盆地等组成的晋陕盆地群提供了绝佳的通道。李渊越过黄河便是一马平川，唐军很快攻占长安，进而统一全国。作为“龙兴之地”，唐代帝王非常重视太原的建设，将其定为“北都”“北京”。北都横跨汾河，面积大为扩展，仅城门就有24座，是古代太原城市建设的最鼎盛时期。李白有诗云：“襟四塞之要冲，控五原之都邑。”唐朝灭亡后，五代十国时期的后唐、后晋、后汉、北汉等数个小王朝皆从太原起家。宋朝初年，宋太祖赵匡胤、宋太宗赵光义接连三次御驾亲征，才攻下“山川险固、城垒高深”的晋阳城，这几乎是宋初统一战争最艰难的战事。为了避免太原再次成为割据堡垒，宋帝尽迁晋阳居民，先用火烧、后用水淹，将晋阳古城夷为平地。

太原的第四次崛起大约出现在宋代。为防御外敌和割据，宋代对新建太原城的规划极为巧妙，其城址更加靠北，东西两山夹峙中更利于防守北方来敌，同时城址由汾河西岸迁至东岸，在宋代政治中心东移开封后更有利于朝廷控制与补给，防止割据。此外，城内道路并非直通连接，而是大量设置丁字路，寓意“钉死龙脉”。这种丁字路即便到了现代还在影响着太原老城的交通。在大量军事需求的刺激下，宋代太原的冶铁业迅速发展，客流、物流又促进了商贸繁荣，民间谓之“花花正定府，锦绣太原城”。此外，宋人再次扩建晋祠，晋祠内最壮丽的大型建筑圣母殿横空出世。其殿高19米，殿身四周营造宽大的围廊，开中国古建筑“副阶周匝”的先河。殿前的鱼沼飞梁，为我国现存古代十字板桥的孤例。这些建筑都呈现出空阔的建筑空间，遥想当年宋人在此祭祀，一定是四方之人云集，庄严神圣。之后，太原在金元时期相对被边缘化。

太原的第五次崛起始于明代，当时，明太祖派出藩王镇守太原，太原城在宋代基础上大幅扩展，兼具军事重镇与皇家气象。而为了解决大量驻军的粮草供应，朝廷召募民间商人运输军粮、马匹。完成运输任务的商人则可获得由官方垄断的盐业经营权，这便是著名的“开中法”（明清实行的以盐、茶为中介，召募商人输纳军粮、马匹等物资的方法）。由此开始，一代一代的山西人开始靠经商营利，晋商随之崛起，如同一场商业革命席卷全国，直到清代晋商臻于鼎盛，太原则成为晋商的枢纽。

民国时期，由于太原深处内陆、地形封闭，加之阎锡山“保境安民”“兵队不出晋省一步”“客军不许过境”的军事策略，直到洋务运动进行了二三十年后，山西才开始有近代工业的雏形，且大部分是以军工为主。

新中国成立后，太原逐步构建起了以冶金、采煤、军工、机械制造等为主的工业化布局，由此诞生了太原重型机械厂、太原钢铁厂、太原矿山机器厂、西山煤矿等一系列大型工矿企业，这种重工业化格局也使得太原的产业发展一直处于严重“偏科”状态。

改革开放以来，山西省作为全国能源基地，重工业中的煤炭行业更是开始“单兵突进”。太原作为山西省的龙头城市，曾一度以煤炭、雾霾而著称，更有“风来一头黑煤渣”的说法。后来，为了彻底治理污染，太原市一年曾拔掉过万根烟囱。但与此同时，全球新兴产业不断向中国沿海城市聚集，家电、电子、轻工、通信产业遍地开花，太原除了煤炭、不锈钢之外几乎没有拿得出手的品牌，甚至一度连“醋”的品牌知名度都敌不过南方的一些米醋。

新时代，太原在晋阳古城遗址上修建了太原古县城，重现晋阳古代大都市雄风；晋祠游人如织，每一件文物都向世人展示着古都神韵；汾河太原城区段已经形成了一条位于市中心、长达数十公里的绿色生态长廊，让“汾河流水哗啦啦”盛景重现；西山片区关停了大量小煤窑，成为市民休闲度假的好去处；太原地铁2号线开通运营，跨越汾河的大桥数量已经达20多座，勾连东西、形态各异，走高架桥、上快速路成为有车族的日常；一大批高新产业入驻综改示范区、高新区，助力龙城晋阳如一骑绝尘般走向振兴；一大批高精尖人才汇聚太原，连“网红校长”郑强都选择到太原工作……

“十四五”时期，是太原率先实现转型出雏型的关键时期。太原给自己定的“小目标”是：突出科技创新核心地位，建设创新太原；发展壮大现代产业体系，构建实力太原；坚持“四治”一体推进，再现锦绣太原；书写乡村振兴时代画卷，塑造美丽太原；全面深化转型综合改革，创造活力太原；积极回应人民群众关切，筑就幸福太原；持续推进治理能力现代化，打造平安太原。力争在“十四五”末，经济总量奋力向万亿元规模迈进。

从春秋晋阳城到新时代的太原，2500年岁月沧桑，唐风流光、晋韵溢彩，太原曾经历过多少的起起伏伏、坎坎坷坷，却始终都是一座在逆境中奋起并重生的城市。如今的太原，正在努力进行产业转型升级，以高端化、智能化、绿色化为方向的新科技、新动力、新产业、新能源等不断涌现，正引领着太原这座老工业城市跃“晋”新时代。

太原曾经风尘仆仆，太原曾经龙困浅滩。但面向新时代，太原必须自信——转型正在路上，崛起已在走来。

第八章

区域经济一体化理论扫描

中国已是世界第二大经济体，但依旧不会放弃与他国合作共赢，正所谓“中国开放的大门不会关闭，只会越开越大”。对外，这便是中华民族“和衷共济、美美与共”精神的现代表达。对内，国内各个地区间的经济交往频繁而活跃，彰显着中华民族“同舟共济、同心追梦”的生动特征。但与此同时，某些国家却极力信奉和推崇单边主义、贸易保护主义，搞所谓的孤立和孤岛。可以预见的是，这只能是搬起石头砸自己的脚，只会是自设藩篱，将自身陷于孤独的境地。

党的十八大以来，我国都市圈建设迈向新时代、新征程，为区域经济发展和国家整体竞争力提升发挥了重要作用，在世界经济舞台上表现出越来越强的竞争力。但客观来看，我国经济长期处于“南快北慢”“东高西低”等区域发展不协调、不平衡、不充分的现实困境，各区域的经济圈、都市圈、城市群建设还需要相互取长补短、协同共振。

立足全球化背景，经济一体化、经济集团化已经把国与国、组织与组织、地区与地区，甚至是邻里间的互助，投射到了一个更加广阔的视域中。同时，伴随着互联网和新技术的发展、智能制造的兴起、物流的通畅、金融的信息化、文化的开放交融、旅游业的兴盛等，都为国际和区域经济合作创造了更好的条件，任何组织与个人要生存和发展，合作显然是必要前提。另一方面，现代社会的技术竞争、价格竞争、品牌竞争、人才竞争日趋激烈，全球市场的出现是因为各国（组织）之间有充足的商品和充分的信息流动，才能最终完成商品和劳力在更广阔范围内实现套利。这些现象的出现，也促使我们从更深层面上思考经济一体化的问题。

有道是，智者筑桥，愚者筑墙。本章将围绕促进新时代都市圈高质量发展这一主题，有针对性地对浩如烟海的经济一体化理论进行梳理，以帮助读者更好地理解区域经济一体化概念和问题，为我国区域经济高质量发展提供借鉴和启示。

> 世界的发展必然要打破原有封闭的、隔绝的状态，这需要民族、地域、国家作为主体进行相互交往。——马克思

1.经济学视野下的区域经济一体化

毫无疑问，研究区域经济一体化离不开经济学相关理论的支持。目前区域经济发展中，比较常用的主流观点主要有增长极理论、均衡与非均衡发展理论、梯度转移理论、中心外围论、辐射理论等。

增长极理论

“增长极”概念首先是由法国经济学家弗朗索瓦·佩鲁于1950年在其论文《经济空间：理论与应用》中提出的。论文提出的增长极理论，主要不是为解决区域经济发展问题，而是设计了一种不同于凯恩斯和熊比特的新的经济增长理论，增长极概念源于佩鲁提出的“经济空间”。按照佩鲁的观点，“经济空间”是存在于经济要素之间的联系，经济发展的主要动力是创新，而创新倾向于集中在某些特殊的领头产业。这些领头产业一般来讲其增长的速度高于其他产业，是主要的创新源，这种产业最富有活力，佩鲁称之为“活动单元”。这种活动单元（产业）对其他产业具有很强的支配效应、连锁效应和推动效应，称为推动型产业（也就是增长极），受增长极影响的其他产业称为被推动型产业。

显然，佩鲁最早所说的增长极的内涵与区域经济发展中的集聚—扩散概念有所差异，也与缪尔达尔的“回波效应”“扩散效应”以及赫希曼提出的“极化效应”“涓滴效应”有着本质区别，因为增长极出自经济空间，增长极与其他产业间的相互作用关系是一种经济关系，而不同于区域空间中要素的空间集聚、回流、扩散。另外，增长极对其他产业的推动作用是对称的，对其他相关产业的成长具有绝对的支配功能。从这个意义上讲，佩鲁的增长极理论是一种不断发展完善的理论。

佩鲁把经济空间中在一定时期起支配和推动作用的经济部门（产业）称为增长极。在区域经济发展中，增长极有极化效应和扩散效应，外在表现就是：经济发达地区优先发展，从而带动落后地区的经济发展。但是，在区域经济发展理论中引入增长极理论，在学术界一直是有争议的。然而一些发达国家依据增长极理论，在地域空间中提出了经济增长点、增长轴、增长网络等多种开发模式并付诸实践，也取得了一定的效果。因此增长极理论又具有十分广泛的影响。

均衡发展理论

均衡发展理论最早产生于20世纪40年代，主要有大推动理论、贫困恶性循环理论和平衡增长理论。其主要内容是，在经济发展中，产业间、区域间及区域内各地区基本保持同步和同一水平。它不仅强调产业间的协调平衡发展，而且主张区域间及区域内各地区平衡部署生产力，实现区域经济的平衡发展。

（1）推动理论。大推动理论是均衡发展理论中具有代表性的理论，它是英国著名的发展经济学家罗森斯坦-罗丹（P.N. Rosenstein-Rodan）于1943年在《东欧和东南欧国家工业化的若干问题》一文中提出来的。该理论的核心是：在发展中国家或地区对国民经济的各个部门同时进行大规模投资，以促进这些部门的平均增长，从而推动整个国民经济的高速增长和全面发展。

（2）贫困恶性循环理论。该理论是由美国经济学家拉格那·纳克斯（R. Nurkse）于1953年在《不发达国家的资本形成问题》一书中提出的。纳克斯认为：发展中国家或地区在宏观经济中存在着供给和需求两个恶性循环。要走出这一困境，必须同时对国民经济各个部门进行大量投资，使经济增长率迅速达到一定高度，人均收入增长达到一定水平，才能突破低收入所造成的贫困恶性循环。应该说明的是，该理论提出后，受到一些发展经济学家的批评。他们认为，发展中国家或地区储蓄能力和水平低并不符合历史事实，市场容量不足也有其片面性，这是对发展中国家或地区的发展前景抱有相当悲观的态度。

（3）平衡增长理论。平衡增长理论综合了前两种理论的有关论点，既强调扩大投资规模对于克服供给方面不可分性和需求方面互补性的作用，又强调取得工农业、消费品与资本品等各经济部门间平衡增长的重要性；它既主张国民经济各部门按不同的比例全面发展，以实现平衡增长，又主张在达到平衡增长的过程中，可以依据各个产业的产品需求收入弹性来安排不同的投资率和增长比例，通过个别部门的优先发展来解决经济发展中的梗阻问题，最终实现国民经济各部门按适当的比例平衡增长。在这里，平衡增长是长期过程，不平衡增长是短期过程。因此，该理论是一种动态的平衡增长理论。要实现国民经济各部门按一定比例平衡的增长，只有依靠政府宏观经济的计划，才能担负平衡增长的重负。

非均衡发展理论

非均衡发展理论与均衡发展理论相对立，其核心观点是：发展中国家或地区不具备全面发展的资本和资源，均衡发展是行不通的。为此，应当集中有限的资本和资源优先发展一部分产业或区域，以此带动和扩大其他产业或区域经济的发展。

艾伯特·赫尔希曼（A.O. Hirschman）在他的《经济发展战略》一书中，从主要稀缺资源应得到充分利用的认识出发，系统地论述了不平衡增长的理论和战略。他指出，无论是增长过程还是发展进程，其本质都是不平衡的。由于发展中国家或地区资源的稀缺性，若实行一揽子投资，则资本稀缺这一瓶颈无法突破，从而也就无法实现平衡增长，只能将有限的资源有选择性地投入到关联度大、具有发展潜力的产业，即首先发展主导产业，才能带动其他产业和经济的发展。他指出，发展的路程好比一条“不均衡的链条”，从主导产业通向其他产业。经济发展通常采取踩跷板的推进形式，从一种不平衡走向新的不平衡。因此，发展政策的任务不是取消，而是维护不均衡，使不均衡的链条保持活力。不发达经济取得经济增长的最有效途径是采取精心设计的不平衡增长战略，首先选择若干战略部门投资，当这些部门的投资创造出新的投资机会时，就能带动整个经济的发展。

相较平衡增长理论，不平衡增长理论揭示了社会经济运行的基本规律，而且更具有实践依据和可操作性。此外，还有人主张应当将增长极理论纳入不平衡增长理论范畴。

梯度转移理论

梯度转移理论源于雷蒙德·弗农（Raymond Vernon）等人提出的“工业生产生命周期阶段”理论。他们认为，工业各部门和各种工业产品，都处于生命周期的不同阶段，即经历创新、发展、成熟、衰退四个阶段。此后，威尔斯和赫希哲等人对该理论进行了验证，并作了充实和发展。区域经济学者将这一理论引入到区域经济学中，便产生了区域经济发展的梯度转移理论。

从生产布局学出现后，梯度就被广泛用来在地图上表现地区间经济发展水平的差别，以及由低水平地区向高水平地区过渡的空间变化速率。在现代生产布局研究中，各国普遍遇到的一个问题是地区间经济发展不平衡。为了解决这个问题，就需要绘制地区经济发展梯度图，表明在国家或地区范围内，经济发展水平由高到低的梯度发展状况。

梯度理论也有一定的局限性，主要是难以科学划分梯度，有可能把不同梯度地区发展的位置凝固化，造成地区间的发展差距进一步扩大。

中心—外围理论

中心—外围理论又被称为核心边缘理论或中心边缘理论，首先由劳尔·普雷维什（R. Prebisch）于20世纪40年代提出，主要是阐明发达国家与落后国家的中心—外围不平等体系及其发展模式与政策主张。

不少学者都使用了“中心”和“外围”这一对概念来分析世界上发达国家与不发达国家的经济贸易格局，并提出解决它们之间不平等关系的政策设想，如美国经济学家刘易斯的中心边缘国理论就是其中之一。“中心”“外围”的概念和分析方法后来被引入区域经济的研究中，融入了明确的空间关系概念，形成了解释区域之间经济发展关系和空间模式的中心—外围理论，其中美国学者约翰·弗里德曼（John Friedman）在1966年出版的《区域发展政策》一书中提出的中心与外围之间构成了不平等的发展格局的理论较具代表性。

1967年弗里德曼在《极化发展理论》中，又进一步将“中心外围”这个具有鲜明特色的空间极化发展思想提炼为一种普遍适应于发达国家与发展中国家空间规划基础的一般理论模式。他同时认为有六个自我强化、反馈的效应支持了中心区的成长，它们分别是主导效应、信息效应、心理效应、现代化效应、连接效应和生产效应。

辐射理论

区域经济发展中的辐射是指：经济发展水平相对较高的地区与经济发展水平较低的地区进行技术、市场、资本、人才、信息等的流动和思想观念、思维方式、生活习惯等方面的传播。通过流动和传播，进一步提高经济资源配置的效率，以新的思维方式、思想观念、生活习惯取代与之相悖的旧的习惯势力。辐射的媒介是交通条件、信息传播手段和人员的流动等，具体包括点辐射、线辐射、面辐射等，我们把经济发展水平高的地区称为辐射源。

辐射理论通常认为，区域间由于存在广泛的辐射，因此相互之间的影响非常重要。无论是落后地区还是先进地区得到进一步发展，都会对对方产生积极影响。通过合作，积极加强正面辐射，有效避免负面辐射，都会在双方之间产生良性的滚动效应。相反，任何一方的停滞和落后都只能导致两败俱伤。理解辐射理论对促进经济发展以及区域合作具有重要意义，换言之，区域之间的合作对各方的经济发展和现代化进程都显得十分重要。

此外，还有亚当·斯密的绝对优势成本理论、李嘉图的比较优势成本理论、胡佛和费雪的标准阶段次序理论、罗斯托的经济成长阶段理论以及要素禀赋理论等，都对研究区域经济问题有指导和借鉴意义。

在国内经济一体化研究方面，早期的学者们主要集中在对世界经济和欧盟经济一体化问题的研究上。研究者主要集中在国际关系学界，代表学者有张幼文、伍贻康等，他们从不同层面探讨了世界经济一体化的形成机理、发展状况等问题。后来，白英瑞、康增奎和刘文华等人对欧盟经济一体化的形成过程、性质特点以及对我国经济一体化的借鉴意义进行了研究。

近年来，更多的国内学者把经济一体化和都市圈、经济圈的发展结合起来研究，不过更多的还是关注研究者本人所处区域的经济一体化问题，具有一定的地域性。

2.博弈论、运筹学理论框架内的合作与竞争

美国著名记者托马斯·弗里德曼在其畅销书《世界是平的》中把全球化划分为三个伟大时代。

第一个时代从1492年持续到1800年，称其为全球化1.0版本。这一阶段开始于哥伦布远航开启新旧世界间的贸易，全球化令世界的规模从大号“缩水”为中号。全球化1.0版本讲述的是国家和实力的故事，也就是说，当时全球一体化的进程取决于一国的实力以及其应用形式，即一国有多少人力、马力、风力和后来的蒸汽动力。在这一时期，受到宗教影响或帝国主义影响（或两者的结合），国家和政府利用暴力推倒壁垒，将世界的各个部分合并为一。在1.0版本下，主要的问题是：我的国家在全球竞争中处于何种地位？企业如何走出国门并利用国家的力量和其他人合作？

第二个时代被称作全球化2.0版本，这一时代从1800年左右一直持续到2000年，中间曾被大萧条和两次世界大战打断，这个阶段让世界的规模从中号“缩水”为小号。在这一时期，推动全球一体化的主要力量是跨国公司，这些公司到国外去的目的就是要寻找市场和劳动力，荷兰和英国股份公司的扩张和随后的工业革命带动了跨国公司的海外投资。在这一时代的前半阶段，铁路和蒸汽机带来

了运输成本的下降并推动了一体化的进程，而后半阶段的全球化进程则得益于电话、电报、电脑、卫星、光纤电缆和初期互联网等带来的通信成本下降。

正是这个时期让我们看到了全球经济的诞生和成熟，各国之间有充足的商品和信息的流动，这才出现了真正的全球市场，商品和劳动力可以在全球范围内实现套利。这一时期全球化的进程取决于硬件的突破，从早期的蒸汽船和铁路到后来的电话和大型计算机。在2.0版本的情况下，主要的问题是：我的公司在全球竞争中处于何种地位？它有哪些机遇可以利用？我怎样通过我的公司同他人开展合作？

第三个时代被称为全球化3.0版本。世界在2000年进入了一个全新的时代，3.0版本将这个世界从小号进一步缩小到微型，并且将竞争场夷为平地。如果说全球化1.0版本的主要动力是国家，2.0版本的主要动力是公司，那么3.0版本则是新发现的合作完成全球化的个人的能力，这种动力也赋予全球化3.0版本唯一的特征。这种容许个人和小的集团轻而易举、天衣无缝地融入全球化的现象，就是弗里德曼所说的“平坦的世界”。所谓的“平坦的世界”是个人电脑、光缆、工作流程软件的综合产物，之前没有人预计到这一整合，但是就在2000年左右它确实发生了。而当它发生以后，全世界的人们马上开始觉醒，意识到他们拥有了前所未有的力量，可以以一个个体走向全球；他们要与这个地球上其他的个人进行竞争，同时有更多的机会与之进行合作。结果就是，每个人现在都会问：在当今全球竞争机会中我究竟处在什么位置？我可以如何与他人进行全球合作？

然而，全球化3.0版本时代与前面时代的不同点并不仅仅在于它缩小和平坦化了整个世界，并使得人们可以进行全球合作，还在于之前的全球化1.0版本和2.0版本都是以欧洲和美国的人和公司作主要驱动力的。虽然中国在18世纪的时候依然是世界上最大经济体，但全球化的主要参与者和塑造者却是西方国家、公司和探险者。现在看来，这一点会越来越不成立。随着它进一步平坦化和缩小这个世界，全球化3.0版本将越来越多地不仅是被个人驱动，而且是被各种各样的人所驱动，并不仅仅局限于西方人和白种人，全世界每个角落、各种肤色、各个人种都可以参与其中。当然，尽管全球化3.0版本的主要特征是个人的全球化参与，大大小小的公司和组织在这个年代也会有新的发展。

从博弈论的角度看，全球化和区域经济的合作涉及参与者、互补者、竞争者、游戏规则、价值链等问题，其中任何一方都有可能扮演多重角色，或是自觉不自觉地进行位置互换。但从全球化的趋势看，这种合作竞争并非是那种“熄灭别人的灯光使自己眼睛明亮”的“零和博弈”，而是倾向于那种“你中有我、我中有你”并不断优化调整游戏规则和利益分配机制的过程。

从运筹学的角度看，各国、各地、各方都在追求自己利益最大化的同时，又要兼顾参与方、竞争者的平等与“感受”，这一过程就是通过运筹使得各方利益不断接近均衡、平衡、最优的状态。

3.组织社会学视角下的区域治理合作

改革开放以来，区域一体化概念逐渐增强，同时区域公共治理问题却凸显出来。如何有效促进区域治理合作、实现区域治理现代化，成为了社会学研究的重要课题。从组织社会学的观点看，促进区域治理合作收到实效，需要重塑价值体系，构建合作共赢的组织场域；需要完善组织架构，建立更加顺畅高效的合作机制；需要优化制度设计，为区域加深合作夯实基础。

从社区学所指的“社区”概念出发，区域是国家的重要组成部分，区域治理现代化不仅是经济社会发展的迫切需要，也是优化国家治理体系、提升国家治理能力的重要举措。而要实现区域治理现代化，就需要“社区”间加深合作。但是，由于区域合作主体是利益诉求不同的若干行政区政府，各方合作治理往往出于自身利益的考量，导致区域公共治理极易陷入竞争导向，使得合作行动陷入困境。党的十八届五中全会明确提出，要“推动区域协调发展，塑造要素有序自由流动、主体功能约束有效、基本公共服务均等、资源环境可承载的区域协调发展新格局”。这不仅是现阶段我国区域经济社会发展的战略方针，也为区域治理合作指明了努力方向。

组织社会学是近年来颇受学术界广泛关注的理论，其中所蕴含的理论观点对区域治理合作研究具有很强的启示意义。首先区域治理合作的区域内涵一般是指根据一定自然条件划分的具有一定地理范围的地域，比如，可以根据河流、湖泊等划分不同的区域，像环太湖流域、长江流域等。其次，区域治理是指政府、非政府组织、私人部门、公民及其他利益相关者为实现最大化区域公共利益，通过谈判、协商、伙伴关系等方式对区域公共事务进行集体行动的过程。再次，区域治理合作又表现为区域内不同组织之间的社会化集体协商过程。最后，当前我国区域治理合作基本上都是政府在搭台唱戏，鲜有社会组织和公民个人的参与。在政府主导的区域一体化模式中，政府的制度偏好与市场的运行方式、民众的制度偏好、社会的实际需求有可能出现偏离甚至是背离状态。

基于组织社会学的视角，当前区域治理合作的组织架构还比较松散，协作机制也有漏洞可钻。而基于合作主体承诺的区域治理合作，由于缺少必要的制约，合作意愿往往得不到真正落实。事实也证明，在存有利益竞争和人员思想觉悟有待提高的条件下，把合作建立于依赖道德约束的承诺上是不现实的。为此，治理合作的联动网格还有待构架完善，力争形成跨部门而非单一部门的协作，由多个地方辖区联合形成的治理层次。同时，还要跳出由政府部门单一统筹的框架，鼓励和吸纳包括非营利组织、商业组织和公民等各方力量都加入到区域性的问题解决之中，参与政府区域政策制定与实施，从而形成一种整体性治理网格。

4.马克思主义理论指导下的全球化与区域合作

当今世界，全球化趋势已然势不可挡，国家或地区之间的区域合作更不可或缺。甚至有英国学者认为，全球化是现代化的最高阶段，应当把全球化看作现代性的各项制度向全球的扩展。但本节主要是运用马克思主义的基本观点和方法，对全球化和区域合作问题进行探讨。

马克思主义与全球化

马克思生活的时代，是被称作“第一次全球化”或“早期全球化”的阶段，且马克思就主要生活在当时资本主义世界体系的中心——英国伦敦。对于全球化的兴起，马克思曾不无感慨地说：“资本主义200年创造的财富超过人类两千年的总和。”

即使用现代人的眼光看，全球化也毫无疑问是人类社会发展的一个全新阶段，它加深了国际社会间的了解和合作，极大地提升了各国的经济实力，并在助推脱贫、科技进步、观念交融、提振创新等方面影响巨大。然而，发端于西方社会并由部分发达国家主导的全球化也并非完美无瑕，它也因矛盾的不断累积而面临分崩离析的状态。因此，只有用马克思主义的基本立场和观点对全球化问题进行分析，才使我们有可能触摸到问题的本质和核心，才能更好地帮助我们找到解决问题的路径方法。

首先，全球化并没有能够使资本主义的内在矛盾和问题消失。就此，马克思曾指出：资本主义生产方式的内在矛盾源于资本的私人所有制和生产的社会化，经济危机因而周期性发生。从实践看，全球化加速了资本主义生产无限扩张的可能性，一国或一个跨国公司就可以生产出足以供应全球的产品，但大部分利润却被资本家赚走了，劳动者的工资收入和支付能力的增长却长期滞后。这样的观点很容易从一度存在的“中国式工厂”中找到答案，譬如，某些国际品牌在中国寻求加工合作厂家，一件被中国“代工厂”加工为成品的百八十块钱的衣服，眨眼间贴个外国标签就能卖到上千元。

其次，在全球化的情形下，各国劳动者的生产效率、技术含量、生活成本等，均被置于全球化市场的无情竞争下，生产的异化没有减弱，而是强化了。对此，匈牙利马克思主义者卢卡奇曾一针见血地说，人的劳动、社会关系和意识形态，一切都“物化”了。例如，在全球化时代，资本家拼命追求利润，极力扩大生产规模，对生态环境的损害屡见不鲜。而在消费主义意识形态诱导下，消费者过度消费甚至借贷消费，全球市场种类繁多的理财产品、债券投资、资产重组等所谓金融创新产品，难掩其巧取豪夺的实质。投机者一旦成功，便一夜暴富，而大量劳动者为此沦为了新的“负翁”无产者。

再次，全球化是资本、贸易、劳动力越来越自由的跨国流动，它是市场经济发展中符合逻辑的表现或结果，它使各国经济朝向一个全球体系的整合。在这个过程中，国家的经济独立性逐渐瓦解或消散，并转向一个全球经济体，个体国家的经济则成为其组成部分。经济的一体化带来了世界性的劳动分工和资源的再配置，各国在全球产业链中的专业化倾向突出，在劳动剩余的占有上也会不同。世界经济的一体化可能会伴随一个或多个中心的出现。但我们需要思考的是，在这样的互动环境和结构中，某些国家不得不交出部分经济主权，而受制于经由各国协商而产生的国际规则。还有，全球化作为资本主义市场经济的新的发展形态，带来各国经济发展的新的不平衡，带来了社会各阶层收入悬殊等待解难题。此外全球化带来新的问题还包括全球治理的主体是谁，利益分配上是否也有剥削与被剥削现象……

复次，每一种生产方式和经济形态都有其自身的根本动力、基本矛盾以及运动模式。纵观自 19 世纪下半叶以来的两次全球化过程（以二战前后为分割点），可以发现，一个或数个军事、科技和经济强国往往在全球进程中发挥着主导作用，全球化没有摆脱资本主义生产方式和市场经济发展的宿命及规律。它促进生产力的发展和各国经济的活跃，但随着问题的积累和爆发，也可能会停滞和倒退，甚至戛然而止，19 世纪的第一次全球化进程就是在二战的枪声中被无情终止的。此外，当代世界格局发生了很大变化，但西方仍处在资本主义发展的阶段，尤其是少数国家将全球化的“红利”收割殆尽后，又指望以逆全球化的实际行动达到重新制定游戏规则的目的，需要世界各国提高警惕。

最后，世界发展的历史已经呈现给我们一些马克思生前没有看到的现象或是没有深入探究的问题，例如经济全球化和世界的一体化带来的“全球治理”、资本主义生产关系的全球扩张等问题。但当今地球村成员的合作程度越来越深、相互依存度越来越高，出现很多靠一国之力难以化解的的问题。譬如全球化所涉及的跨国协定、全球性质的条约制定，以及超越国界的制度化的解决机制和方案等，都需要我们创造性地运用马克思主义的立场和观点，才能探查到问题的根源和本质，推动问题更好地加以构思和解决。

马克思主义与区域合作

区域合作是国际、国内开展交流合作的外在表现，全球范围内的欧盟、北美自由贸易区、亚太经合组织，以及我国提出的“一带一路”倡议，都是国际合作的典范。由于跨区域合作具有明显的交往交互交流属性，因此我们可以从马克思主义“交往”思想出发，去深度考察区域合作的现象、实质等问题，并在此基础上提出区域经济合作的相关建设性意见和解决方案。

一是，马克思所使用的“交往”概念较为宽泛，包括交互活动、交流联系、交易交换等含义。它可以是个人之间、社区（群）之间的，还可以是民族之间、地区之间甚至是国与国之间的物质交往或精神沟通。但马克思同时又认为，“人们奋斗所争取的一切，都同他们的利益有关。”照此，区域合作也可被定义为借助交往合作进而推动利益实现的过程。不管是个体、团体还是国家，均存在着自身利益诉求，合作的原动力就在于各方能互惠互利，最终实现区域经济利益最大化。但现实表明，区域经济合作广泛存在着利益冲突，这也增加了交往与合作的不确定性，制约了各方合作的主动意愿。因此，以马克思交往思想指导区域合作，可促进组织内各成员克服地方利益的排他性，减少零和博弈，提升合作顺畅度、获得感。

二是，马克思在《德意志意识形态》中曾表示：世界的发展必然要打破原有封闭的、隔绝的状态，这需要民族、地域、国家作为主体进行相互交往。由此可见，在马克思主义看来，资本主义一经产生便走向全球化过程，同时也带来了世界的全球化发展。结合世界形势看，无论是国家交往还是地区交往首先应该具有开放包容的特征，正是基于交往之上的融合融通，推动着人类认识世界、改造世界，形成推动社会发展进步的巨大力量。从我国推进区域合作的实践看，国内跨区域合作需要各方积极参与、融合发展，才能达成共赢的目标。从国家整体来看，不同区域有着不同的资源优势和特色产业，谋求发展无疑需要互补互助、加深交往。而即便在合作的区域内，各地在基础设施建设、环境保护、公共产品供给等方面也存在差异和冲突，要推动集约化高质量发展，必然要区域协同、加深合作，实现共同发展。

三是，马克思认为“只有随着生产力的这种普遍发展，人们的普遍交往才能建立起来”。就区域经济合作来看，涉及政治、经济、社会生活、生态环境等各个方面，如保障政治正常运作的各种制度、政府间关系等属于政治层面的交往，经贸活动中的交换属于经济层面的交往等。随着生产力水平的提高，交往形式会经由低级向高级演进。当前我国地方政府间的区域合作，表征着交往进入了一个全新的阶段，即随着我国社会生产力的提高，很多公共事务突破原有行政区划，成了区域性公共问题，原本地方政府间较为封闭的、各自为政的治理方式便不适用于处理区域公共性问题，于是地方政府间的区域合作应运而生。地方政府跨区域合作拥有实实在在的获得感后，各方必然能同心促发展，开展全方位合作。

综上所述，马克思主义对于全球化和区域合作的分析应当包括历史和价值两个尺度，历史尺度是立论基础，价值尺度是本质认识。如果单纯利用历史尺度，资本主义全球化无疑是进步的、无可挑剔的；如果单纯利用价值尺度，资本主义全球化的“每个毛孔”又仿佛是充满着罪恶的，是对世界其他国家和人民的压榨和剥削。因此，显然不能单纯运用其中某个尺度来衡量资本主义全球化问题，必须站在辩证思维的立场上，做到两个尺度的有机结合。

第九章

中国城市群的崛起与中国梦的实现

改革开放以来，中国经历了世界上最大规模的城镇化进程——从1978年到2019年，中国城镇常住人口从1.72亿增长到8.48亿，城镇化率从17.92%提高到60.6%。

历史和实践已经证明，中国经济持续稳定发展的一条成功经验就是始终关注经济增长极的构建，并特别注重区域合作和区域协调发展。特别是在推进区域经济一体化的进程中，以大城市为核心城市所构成的城市群、都市圈，一直是推动中国经济增长的重要力量。

站在“两个一百年”奋斗目标历史交会点上，“十三五”圆满收官，“十四五”扬帆起航，我国以长三角、珠三角、京津冀为主要代表的大规模城市集群，在资源整合、资源优化、产业分工、利益协调等方面，积累了有益经验，形成了发展优势，呈现出强大的带动和示范效应，正成为引领中国经济高质量发展的强大引擎。

直面全面建设社会主义现代化国家新征程，当前，世界百年未有之大变局加速演变，新冠肺炎疫情大流行影响深远，单边主义、保护主义、霸权主义对全球化构成新的威胁。这更需要我们准确把握内外部环境和社会主要矛盾的变化，以新时代城市群、都市圈的率先崛起，成功打造一批贯彻新发展理念、构建新发展格局、体现新时代特点、具有典型中国特色的“发展范本”，为中国经济注入更多的活力与动力。如此，不仅有利于高质量发展格局的构建，有利于我们全方位在国际舞台上参与经济合作与竞争，更有利于早日实现现代化，进而实现中华民族伟大复兴的中国梦。

1.中国城市群发展前瞻

20世纪90年代以来，中国城市群的发展与中国城市化进程相伴随，取得了举世瞩目的成就，这其中的一条重要经验便是：在世界经济一体化的大趋势下，合作与竞争都在所难免。对一个地区来说，加快自身发展既要立足本地的资源禀赋和先决条件，又需要在更大范围内优化配置资源、差异竞争，在取长补短的过程中使合作各方获得原本不具备的发展条件和优势，最终达成1+1>2的效果。

截至目前，我国纳入国家战略层面规划的“19+2”城市群格局基本形成。具体来说，“19”即京津冀、长三角、珠三角、山东半岛、海峡西岸、哈长、辽中南、中原地区、长江中游、成渝地区、关中平原、北部湾、晋中、呼包鄂榆、黔中、滇中、兰州—西宁、宁夏沿黄和天山北坡19个城市群，“2”即拉萨、喀什为中心的两个城市圈，“19+2”几乎覆盖整个中国大陆地区。一言以概之，中国城市群规划的意图在于形成更多支撑区域经济稳定发展的增长极。其发展的归宿是以这些城市群的发展为核心动力，引领中国经济实现质量变革、效率变革、动力变革。

立足以构建国内大循环为主体、国内国际双循环相互促进的新发展格局这一时代命题，中国经济在经历长期高速增长之后面临着下行压力大、投资乏力等新情况，如果仅靠单个城市的单打独斗，其发展的能力和潜力已经越来越有限。在此背景下，城市群之间协同共振、抱团取暖有助于形成发展合力。因此，实现城市群发展的异军突起已是新时代中国经济持续增长的良方。

从我国成熟都市圈发展的经验看，目前我国的城镇化率已经超过60%，较高的城镇化率为城市群的发展和崛起提供了先决条件。此外，中国城市群迅猛发展的同时，依托北上广深等超大城市以及特大城市所形成的经济圈，是引领和带动周边区域经济快速增长的最有效手段。长远来看，我国19个城市群的建设将倒逼大城市向周边城市疏解产业功能，为周边广大中小城市提供新的发展机遇；同时，城市群的构建还有助于打破行政区划限制，促进资源在更大范围内整合再分配，能够更有效地发挥中心城市的辐射功能；此外，产业和民生政策在一定区域内实现“同城化”，有助于培养新的增长引擎，进而培育出一些像北上广深一样的“新一线城市”。

客观来说，我国区域经济发展长期存在不平衡现象，尤其是东西部发展差距较大。由此着眼，中西部一些地区的城镇化水平和人口密度还比较低，难言成“圈”、成“群”。为此，我们需要加快这些区域的城镇化、市场化水平，只有经济发展到一定水平，才能带动都市圈、城市群的形成。此外，目前阻碍中国城市群发展的最大问题就是省际间、区域间、市际间的协调和协同问题，这也是区域经济一体化需要不断探索和认真解决的重要现实问题。

从改革开放以来的实践看，北上广深等大城市的快速崛起是带动城市群形成和壮大的关键。从数据来看，中国大都市地区的人均GDP增长率是全国其他地区的4倍。2018年，全国有16个城市GDP跨过万亿元台阶，这16个城市经济总量在全国占比超过30%。由此足见，大都市是推动地区和国家经济增长的重要“原动力”。

当前，我国经济发展的空间结构正在发生深刻变化，由于中心城市、大都会城市积累丰富且实力雄厚，正引领周边城市群成为承载发展要素的主要空间形式，且未来的新型城镇化的重要方向是持续增强中心城市和城市群等经济发展优势区域的经济和人口承载能力。其中，19个城市群属于优化开发和重点开发区域，主体功能是提供工业品和服务产品，集聚人口和经济。其他地区则属于生产农产品和保护生态，重点是增强其在保障粮食安全、生态安全、边疆安全等方面的功能，最终协同构建起中国经济高质量发展新格局。

从长远来看，虽然各类主体功能区在全国经济社会发展中具有同等重要的地位。但19个城市群涵盖和涉及内地231个地级以上城市，而2018年末，全国地级以上城市为297个，也就是说全国超过70%的地级以上城市都纳入到了这19个城市群中，是我国重要的人口和经济密集区。立足国内，这些区域是带动我国经济社会发展的龙头和重要增长极。放眼全球，这些城市群发展所形成的合力将助力中国在更高层次上参与国际分工，进而成为具有全球影响力的经济区。

结合我国都市圈建设现状分析，19个城市群大致可分为三个梯队。其中，处于第一梯队的是长三角、珠三角和京津冀城市群，也是我国经济的“领跑梯队”；第二梯队包括成渝城市群、长江中游城市群、中原城市群、山东半岛城市群等，是确保中国经济稳定最重要的“跟跑梯队”；除此之外，还有北部湾、天山北坡、呼包鄂榆等城市群组成的“第三方阵”，它们是彰显中国经济发展韧性的重要“潜力梯队”，未来最有可能成为中国经济的最快速增长极。

坦率地说，我国城市群范围较大，又涉及多个行政区划，一体化推进是一项复杂的系统工程，而都市圈发展的范围相对容易界定，而且合作的现实基础好、针对性也强，更容易形成合力。从世界级城市群发展的进程看，一般都是从中心城市、都市圈开始，逐级逐圈推进。为此，在推进城市群一体化的进程中，应把都市圈建设放在重要位置进行衡量。

从激发经济圈、都市圈建设的活力看，人是一切经济和社会活动的主体，“人的迁徙”更是贯穿中国经济持续发展的主线。回顾中国城市化的进程，主要是劳动人口从低收入地区转移到高收入地区，进而推动城市的发展由城市化走向大都市圈化，这个“圈”的辐射范围越来越大，便成就了城市群。据权威机构测算，未来，中国19大城市群将以1/4土地集聚74%人口，创造90%GDP，其中城镇人口占比77%。

根据联合国的预测，预计到2030年，中国城市化率将达约70%，对应的城镇人口为10.2亿，较2017年增加约2亿。若简单按当前趋势推算，未来2亿新增城镇人口有约1亿人来自乡村，其他则将是自然增长和行政区划变动的贡献。

综合来看，我国城镇化率最高的时候每年增速在1.3%左右，即每年有四五千万人实现城镇化。如今，每年大概有一千万新增城市人口，未来还会进一步减少。我国的城镇化率保持了高速增长，下一步将逐渐放缓，这也符合经济规律。从城镇化进程看，我国城镇化的前期是就业能力比较强、创造财富能力比较强的人才先进入大城市。今后发展的方向可能是创新能力比较强的城市率先崛起，创新能力比较强的个人优先获得在一二线城市发展的机会。

按照相关规划，“十四五”期间，我国的常住人口城镇化率提高到65%，提高城镇化率的重点是发展壮大城市群和都市圈，实施城市更新行动，完善住房市场体系和住房保障体系，提升城镇化发展质量。对此有学者认为，中国的城镇化的下半场已经开启，进入追求城镇化发展质量和可持续性阶段。今后不宜过分追求发展速度，而应该追求发展质量和可持续性。

可以预见的是，未来，随着公共服务的均等化，人们将在更大范围内实现自由迁徙，这也倒逼我们要不断健全城乡融合发展的体制机制，更好地为中国城市群的发展壮大保驾护航。预计到2030年，2亿新增城镇人口的约80%将分布在19个城市群，约60%将分布在长三角、珠三角、京津冀、长江中游、成渝、中原、山东半岛等七大城市群。中国未来有望形成长三角、京津冀、长江中游、山东半岛、成渝5个人口亿级城市群，10个以上1000万级城市，12个左右2000万级大都市圈。

从引领中国城市群崛起的角度出发，我们首先要不断深化户籍制度改革，提高农业转移人口市民化的质量；其次要以都市圈建设为抓手，扎扎实实提高城市群一体化发展的水平；再次要有效化解城市发展中遇到的瓶颈问题，不断提高城市可持续发展能力；最后还需持续发力产业升级、产业创新，以新科技、新动力、新动能为依托，不断提升科技原创力和产业核心竞争力，引领中国“第一梯队”城市群率先成长为世界级城市群。

2.世界典型城市群建设的经验和启示

随着经济全球化和区域经济一体化的发展，城市竞争不再是区域范围内城市之间的竞争，而是作为一个更大的城市群经济实体在更广阔的开放式空间范围内参与全球竞争。因此，城市群的形成与发展是区域经济一体化的重要表现，是集聚效应与扩散效应共同作用的产物。

一般来说，城市群是指在特定的区域范围内，以一个或两个超大或特大城市作为经济发展核心城市，整合带动相当数量的不同性质、类型和等级规模的城市间，通过资源整合互换，并借助于现代化综合运输网络的通达性以及高度发达的信息网络，不断加强城市个体间的联接，共同构成一个相对完整的“利益共同体”。

从全球化视角看，现代区域竞争越来越表现为城市群之间的竞争，城市群已经成为提升区域国际竞争力的重要支点。目前，世界有影响力的城市群主要有美国东北部大西洋沿岸城市群（Boswash）、北美五大湖城市群（The Great Lakes Megalopolis）、美国西南部太平洋沿岸圣地亚哥－旧金山城市群（简称圣圣，Sansan）、英国的伦敦城市群、法国的巴黎城市群、德国的莱茵－鲁尔城市群、荷兰的兰斯塔德城市群、日本的太平洋沿岸城市群。此外，我国的长江三角洲城市群、珠江三角洲城市群在全球也有较强的影响力。

美国东北部大西洋沿岸城市群简称“波士华”，分布于东北部大西洋沿岸平原，它北起波士顿，南至华盛顿，以波士顿、纽约、费城、巴尔的摩、华盛顿等一系列大城市为中心地带，其间分布的萨默尔维尔、普罗维登斯、伍斯特、纽黑文、帕特森、特伦顿、威明尔顿等城市，将上述特大中心城市连成一体，在长约965公里、宽 100多公里的地带上，形成一个由5个大都市和40多个中小城市组成的超大型城市群。面积约13.8万平方公里，人口约6500万人，城市化水平达90%以上。虽然面积仅占国土面积的1.5%，却集中了美国总人口的20%左右。它是美国经济核心地带，制造业产值占全美的30%，是美国最大的生产基地、最大的商业贸易中心，更是世界最大的国际金融中心，这是目前世界上最大的城市群。由于各个城市都有自己的特殊功能，都有占优势的产业部门，城市之间形成极为紧密的分工协作关系。北美五大湖城市群又被称为“大湖区城市群”，它从芝加哥、底特律、匹兹堡一直延伸到加拿大的多伦多和蒙特利尔，其间分布有匹兹堡、克利夫兰、托利多、底特律等大中城市以及众多小城市，城市总数达40多个。

英国的伦敦城市群集中了英国4个主要大城市即伦敦、伯明翰、利物浦、曼彻斯特和10多个中小城市，是英国产业密集带和经济核心区，该城市群由伦敦大城市圈、伯明翰城市经济圈、利物浦城市经济圈、曼彻斯特城市经济圈、利兹城市经济圈组成，这是产业革命后英国主要的生产基地。该城市群总面积达4.5万平方公里，占全国总面积的18.4%；人口3600多万，占全国总人口的 64.2%，英国大约80%左右的经济总量集中于此。

法国巴黎城市群是以巴黎为核心城市，沿塞纳河而形成的包括鲁昂、勒阿弗尔等城市在内的带状城市群，这个城市群10万人口以上的城市有40座，总面积 14.5万平方公里，总人口4600万。它是法国为了限制巴黎大都市区的扩展，改变原来向心聚集发展的城市结构，沿塞纳河下游在更大范围内规划布局工业和人口而形成的带状城市群。

日本城市群被称为“日本太平洋沿岸城市群”，由东京、名古屋、大阪三大都市圈组成，涉及大、中、小城市总数达300多个。三大都市圈以及各主要城市各具特色，发挥着各自不同的功能。其中，东京作为城市群的中心城市，东京的城市功能是综合性的，是日本最大的工业、金融、商业、政治、文化中心，被认为是“纽约+华盛顿+硅谷+底特律”型的集多种功能于一身的世界大城市。“日本太平洋沿岸城市群”包括东京、横滨、川崎、名古屋、大阪、神户、京都等大城市，全日本11座人口在100万以上的大城市中有10座分布在该城市群区域内。这个带状城市群长约600公里，宽约100公里，占地面积约10万平方公里，人口近7000万人，占全国总人口的63.%左右。它集中了日本工业企业和工业就业人数的2/3、工业产值的3/4和国民收入的2/3。

从世界有影响力城市群的发展经验来看，其首先具有良好的区位条件和自然条件，一般都具有港口、水资源丰富等先决条件；其次，中心城市的带动极为关键，城市群成员间联动机制的有效性是决定城市群抱团发展的关键；再次，这些城市群十分关注联动区域产业发展和要素资源配置的互补性、差异性等问题，并在求同存异中建立起比较完善的分工协作体系。

客观来看，无论是经济一体化理论，还是经济圈、城市群发展的实践，早期的理论与实践都源自西方和欧美的一些发达国家，其中既有成功经验，也有艰辛曲折，需要我们“择其善者而从之”。

从经济社会发展一般规律看，现代工业都是依托城市而发展的，产业链是城市经济和区域经济发展的生命线，也是解决城市扩张、人口膨胀、就业困难等问题的有效手段。世界有影响力城市群的发展经验表明，根据城市群内各城市的现实情况准确地进行产业定位，进而建立有效率的产业链、形成合理的分工协作体系，可以有效减少“阴影效应”。就此，我国城市群的发展应根据自身的现实经济社会发展实际，结合自身历史文化、资源禀赋等进行全面定位，关键是注重产业的融合配套，在区域间实现产业多样化发展以及错位分工，进而形成产业互动发展的格局。

鉴往知来，砺行致远。总的来说，借鉴世界范围内一些好的经验和做法，可以助推新时代中国城市群在世界范围内的崛起，可以总结包括世界各国在城市化和城市群建设中的经验和教训，确保我们在城市群建设的过程中少走弯路。同时，结合中国新型城镇化的目标，也有助于我们走出一条适合中国国情的城市化和城市群高质量发展之路。总体而言，任何一种理论和发展模式并非“拿来”即可用，而是要领会其内涵和实质，才能更好地为我所用。

综上所述，未来中国城市群的高质量发展必须关注区域经济“集合体”的协调管理问题，在此基础上要最大限度地发挥中心城市的带动和示范效应，并通过加强区域成员间的产业分工与合作，推动产业结构以及资源人才资金等要素实现最优配置，进而推动“圈”“群”经济集约化发展。长此以往，中国城市群必将早日蝶变为世界级城市群。

3.实现中国梦的三维视域——城市让生活更美好，人民让城市更繁荣

梦想，既表达了人们对于美好生活的渴望，更体现着人们对于精彩人生的憧憬。50多年前，当美国著名民权运动领袖马丁·路德·金倒在血泊之中的时候，他的那句孤独而悲愤的“我有一个梦想”让整个世界为之长叹。如今，当中国梦成为世界流行语汇、成为整个中华民族的宏伟愿景、成为14亿人的共同追求的时候，这个梦将注定让整个世界振奋。

伴随着改革开放的历史洪流，中国坚定不移地走中国特色的社会主义发展道路，在农村改革、城镇化建设、脱贫攻坚、科技强国等方面，取得了举世瞩目的成就：中国正一步步走向富强，经济繁荣，社会稳定，人民安居乐业。人们对国家富强、民族振兴、人民幸福的殷殷期盼，成为全体中华儿女当下最广泛的民族共识，成为中国梦宏伟蓝图中最浓墨重彩的描绘。

但是，要让梦想变成现实，必须多层次地审视这个梦想，让梦想与丰富多彩的社会生活相互融合；必须多视域地理解这个梦想，让梦想根植于客观规律和理性实践，并蕴含着广大人民对现实生活的合理诉求；还需要我们通过凝聚全民族智慧和改革创新的实践途径，最终将中国梦的宏伟蓝图化为美好现实。

（1）弘扬规律之理性，尊重社会发展内在的历史定律。中华民族是个有着5000年文明历史的伟大民族，我们也曾长期独领风骚，创造过一个又一个盛世。但纵观中国近现代180多年的历史沧桑，我们的祖国也曾经山河破碎、饱受欺凌、民生凋敝。这证明了一个铁律：落后就要挨打，自强才能生存。“中国梦”正是在反思和总结历史经验教训的基础上逐渐形成的。这个历史演进的过程，充分说明我们党所具有的立足于时代、立足于实际、立足于实践的永无止境的探索精神和与时俱进的创新品质。

改革开放以来，党带领全国各族人民坚持解放思想、实事求是，不断发展和完善中国特色社会主义，使得综合国力得以大幅度提升、人民生活水平不断提高，因此才孕育了今日之中国梦的伟大构想，并让全体中国人民前所未有地感觉到离梦想如此之近。

伟大的实践需要伟大的理论，伟大的理论需要开放的胸襟和发展的品质。历史和现实一次次警醒我们，要实现伟大的中国梦，必须在实践的基础上弘扬理性，坚持尊重社会发展内在的历史规律与人民群众的创造性的有机统一。习近平新时代中国特色社会主义思想体系，清晰地指明了国家富强、民族振兴、人民幸福是实现中国梦的最终归宿，充分坚持了用辩证发展的眼光看问题的科学态度，是马克思主义在我国社会主义现代化建设阶段的重大发展，也是马克思主义基本理论中辩证唯物主义和历史唯物主义的新体现。

从我国现阶段基本国情出发，中国梦的实现任重而道远。这就要求我们在实现中国梦的征程中，还要尊重和顺应发展规律，使“人民对美好生活的向往，就是我们的奋斗目标”得以有机统一，并本着“空谈误国、实干兴邦”的实干精神，带领广大人民拼搏进取，沿着中国特色社会主义光辉道路奋勇前进。只要城乡面貌日新月异，人民幸福感、获得感、安全感不断提升，党的战斗力和凝聚力将会变得更强，中国特色社会主义事业必将无往而不胜，这样中国梦才能早日化为现实。

（2）激活民族个性，努力发掘推动社会进步的创新动力。每个民族都有自身的历史传统和与众不同的文化特质。历史悠久的中华民族具有源远流长的文化底蕴和勤劳、勇敢、智慧的民族特征，这是我们能够恒久屹立于世界东方的立足之本，如果加上魅力无限的原创动力，必将更好更快地推动中国梦的实现。

现阶段，我们应该清醒地认识到，创新是推动民族和社会发展的不竭动力，其中包括软实力创新和硬实力的创新——即意识与制度，最终形成中国特色社会主义理论体系，并将这个理论不断地发展下去。纵观科学发展观、构建社会主义和谐社会、习近平新时代中国特色社会主义思想等理论，无不是以当代中国改革开放、全面建成小康社会、全面建成社会主义现代化国家为实践诉求，在坚持社会主义基本矛盾动力论、改革动力论、创新动力论的基础上，充分注重社会的主体与客体、对内与对外的交互作用和辩证统一，并从历史与现实、理论与实践、时代与社会发展相结合的高度，作深入全面系统的研究，从而用来指导当代中国经济社会发展的实践。

中国梦更离不开科技的创新。当代世界科技进步日新月异，技术更替不断加速。今天称得上先进的技术，不久就有可能变为落后的。创新同样是经济高质量发展的灵魂，是国家提高软实力的不竭动力。如果自主创新能力不够强，一味靠技术引进，就永远难以摆脱技术落后的局面。换言之，一个没有创新能力的民族，难以屹立于世界先进民族之林。因此，作为一个发展中国家，我们必须坚持对“科学技术是第一生产力”这一论断的信仰，通过吸收引进、自主研发、技术革新等方式，坚持不懈地提升科技的自主创新能力和民族自信心，为发展社会主义生产力提供有力的智力支撑。

“世界形势日新月异，特别是现代科学技术发展很快。不以新的思想、观点去继承、发展马克思主义，不是真正的马克思主义者。”中国梦是马克思主义社会发展动力理论在当代中国的最新表现形态和理论创新，我们必须从物质和意识辩证的视野高度解读中国梦，从可能性与现实性的相统一去理解中国梦，不断推进社会主义物质文明、政治文明、精神文明、社会文明、生态文明建设，才是对全面建成小康社会、迈向社会主义现代化的正确回答。

（3）发挥人民群众的能动性，实现个人和国家的全面进步。中国梦具有多个维度，实现“中国梦”不是增强国家实力的单项推进，而是国家、民族、社会、个人的多维发展。从国家实力看，“中国梦”就是要实现综合国力的进一步增强。从幸福指数看，“中国梦”就是要实现人民幸福感的进一步提升。从文明形态看，“中国梦”就是要实现中华文明的进一步演进。从价值追求看，“中国梦”就是要实现每个人的全面发展。习近平总书记指出：“人民对美好生活的向往，就是我们的奋斗目标。”这不仅体现了个体与集体的相互依存的辩证关系，同时还展示了中国梦的核心价值，彰显了人在社会生活中的主体价值。

作为个体的人，人们的理想总是有着不同层次和维度的，有着对个人价值和目标的不同追求。但作为社会的人，人们又必然生活在一定的社会生活关系之中，他们的一切行为不可避免地要与周围的各类人发生各种关系，这种复杂的社会关系形成了人的社会属性。当前，随着我国经济社会发展的全面转型，人民群众不仅期待经济社会的不断发展，同时还渴望政治清明、民生改善、公平正义、生态环境良好。这就要求我们党必须坚持全心全意为人民服务的宗旨，密切党同人民群众的血肉联系，从而准确把握人民群众的脉搏，及时获取人民群众对每一项政策的反馈，及时协调与解决不同利益群体间的矛盾，以实现个人与民族、国家的共同发展。这是一幅中国梦的现实构图，其中必然充满了每一个个体成员精彩人生的一幅幅动人特写。

新时代，中国梦是民族的梦，也是每个中国人的梦。习近平总书记指出，“共同享有人生出彩的机会”。其中既体现了个体利益之自由发展，又包含了群体利益之共同富裕。因此，实现中国梦必须让每个人有尊严地生活、有体面地劳动、有个性地发展，方能使梦想真正转化为每个中国人的真实生活，使得人在社会生活中的价值得以彰显。每个人都极大地挖掘了自身潜力、发挥了主观能动性，就会促进个人的发展和国家的进步。

中国梦体现一个由国到家的过程，而中国梦的实现是一个由家到国和由国到家的综合过程。一方面，改革开放后，随着中国梦的日益清晰和临近，14 亿中国人“个人梦”的实现也驶入了快车道，中国人的幸福梦正在“中国梦”的图景中渐次展开。另一方面，中国梦的实现也无法脱离每个人个体梦的自我实现。只有充分发挥民智、凝聚人心，把中国的个人之梦、小家之梦都汇聚到中华民族的中国梦中来，才能够拧成一股绳，劲往一处使，实现共同的中国梦。每一个中国人都应该有自己的梦想，并将自己的梦想与中华民族复兴的“中国梦”结合在一起，在实现“中国梦”的过程中成就自己的梦想。

中国改革开放以及城镇化的一切艰辛探索都已表明：城市让生活更美好，人民让城市更繁荣。长此以往，中国城市群、都市圈的发展将不可限量，全体中国人的生活必将更上台阶，中国梦的宏伟蓝图必将早日化为现实。